AF191381

Sarah Eyles

ALLEIN MIT KIND · BAND 4

Mami macht's einfach

Für meine Kinder

Ihr wart und seid mir Motivation, Antrieb, Halt und Herausforderung in einem. Für euch bin ich losgegangen und bleibe nie mehr stehen.

Sarah Eyles

ALLEIN MIT KIND · BAND 4

Mami macht's einfach

Selbständig in einem Helferberuf

Diese Buchreihe gibt Einblicke in das echte Leben
allein mit Kind/ern

Lektorat: Sarah Zöllner, sarahzoellner.com
Design, Illustrationen und Buchsatz: Silke Wildner, silkewildner.de

Bibliografische Information der Deutschen Nationalbibliothek
Die Deutsche Nationalbibliothek verzeichnet diese Publikation in der Deutschen Nationalbibliografie; detaillierte bibliografische Daten sind im Internet über dnb.dnb.de abrufbar.

Herstellung und Verlag: BoD – Books on Demand, Norderstedt
ISBN: 9783759704108

Kapitelübersicht

Phase 1
Trennung, Abschiede und die große Frage, wie es weitergehen soll

Phase 2
Was ist schon normal?
Von Wunden lecken, Visionen und Businessaufbau

Phase 3
Aber was, wenn alles gut wird

18. MEINE ARBEIT FÜR DICH

Vorwort

Die Tränen all meiner Verluste haben die Menschen in mein Leben gespült, die ich verdient habe. Ich wusste, in meinem Leben musste sich etwas ändern, nur konnte ich es bis zu dem Zeitpunkt, als ich Sarah im Sommer 2023 kennen lernte, noch nicht fühlen. Dann sprach ich mit Sarah und es kam etwas Wunderbares in mein Leben, für das ich unendlich dankbar bin.

Im September 2022 fiel ich in das tiefste und dunkelste Loch meines bisherigen Lebens. Mein Ehemann trennte sich plötzlich und unerwartet von mir und ich verlor nicht nur die „klassische" Familie, sondern auch meine bis dahin geglaubte Sicherheit. Da stand ich, mit zwei Söhnen an der Hand und der großen, erdrückenden Angst, was die Zukunft wohl für uns bereithalten würde. Das gemeinsame Haus tauschte ich erst einmal gegen eine kleine Einliegerwohnung bei meinen Eltern, um physisch wieder auf die Beine zu kommen.

Ich suchte nach Gleichgesinnten und nach Austausch. In Social Media entdeckte ich Silke Wildner und ihren Blog gutalleinerziehend.de sowie den Podcast „Das AE-Team". Silke Wildner ist für mich ein absolutes Vorbild und eine Mentorin auf meiner Reise. Ich nahm bei ihr an einem Kurs für „Alleinerziehende" teil und lernte durch sie Sarah Eyles kennen. Sarah stellte in unserem Kurs ihr Arbeitskonzept, bzw. die Weiterbildung zum „Jobcoach Inklusion" vor. Eine Möglichkeit, mit Kindern einen erfüllenden Beruf mit flexibler Zeiteinteilung auszuüben.

Sarah, auch Mehrfachmutter, bedient in keinster Weise die Schublade der „armen" alleinerziehenden und überforderten Mutter.

„Es rief mich": Ich traute meinem Bauchgefühl und meiner Intuition und investierte in mich und die Weiterbildung. Sarah gab mir Zuversicht, Mut und Hoffnung, dass sich durch die Weiterbildung nicht nur mein Geldbeutel, sondern auch die große Leere in meinem Herzen wieder füllen würde. Sie gab mir den Mut, den ersten Schritt zu gehen und ich vertraute darauf, dass sich dadurch weitere Türen öffnen würden. Ich konnte sie noch nicht sehen, aber meine Lehre aus der Vergangenheit war: Die Türen werden sich öffnen, wenn man den Weg geht und sich traut, sich Unbekanntem zu öffnen. Sarah vermittelt Leichtigkeit, keinen Perfektionismus und dass man sich auch alleinerziehend ein erfolgreiches selbständiges Business aufbauen kann. Eine absolute Powerfrau mit dem Herzen am rechten Fleck. Durch den regelmäßigen Austausch und die Impulse von Sarah hat sich einiges bei mir im Privaten wie im Beruflichen verändert. Auf mich und meine kleine Familie wartet ab dem Frühjahr 2024 ein neues Zuhause. Den Mut, die Kraft und den Willen, den Kindern und mir ein neues Wohlfühlnest zu erschaffen, schöpfe ich unter anderem aus der Begleitung durch Sarah.

„Vertraue darauf, dass alles zum richtigen Zeitpunkt zu dir kommt."

„Du wirst immer das mitnehmen, was du aufnehmen kannst und das ist vollkommen okay."

Zwei für mich sehr wichtige Sätze von Sarah, welche mir viel Druck nahmen. Der Respekt war groß, das Ganze getrennt erziehend und mit einer 60%-Anstellung unter einen Hut zu bekommen. Aber: „Angst an die Hand nehmen und raus aus der Komfortzone!" Das Coaching bei Sarah ist nicht nur eine berufliche Weiterbildung, sondern auch ein Weg der Persönlichkeitsentwicklung. Dein Mindset wird Stück für Stück wie bei einer Festplatte „überschrieben" und du lernst den Gedanken des Freelancer-Lebens im Beruflichen wie im Privaten umzusetzen und mit Leben zu füllen. Wenn du denkst, eine tiefe Verbindung geht nicht „online", dann kann ich dir aus tiefstem Herzen sagen: DOCH, das geht!! Eine Herz-zu-Herz Verbindung geht auch online. Auch das eine neue und erfüllende Erfahrung, welche ich durch Sarah und die Weiterbildung machen durfte. Nach jedem Online-Treffen bin ich erfüllt und gut gelaunt und einfach nur dankbar für diese großartige Gemeinschaft an wundervollen Frauen. „Es darf leicht gehen", ist einer der Sätze von Sarah. Die Bedenken, die Weiterbildung würde mich belasten und zusätzliche Schwere in mein Leben bringen, hat sich absolut nicht bestätigt. Ich habe gelernt, darauf zu vertrauen, dass es sich leicht anfühlen darf und dass man dies auch so leben kann. Diese Leichtigkeit erfüllt Stück für Stück jeden Bereich meines Lebens. Vor den „kinderfreien" Tagen hatte ich sehr große Angst und Respekt. Diese Leere und Stille wollte ich nicht einfach so hinnehmen und konnte auch hier die Zeit für mich persönlich sowie beruflich füllen. Die Lernvideos von Sarah im Rahmen der Weiterbildung haben eine große Leichtigkeit und sind absolut motivierend, diese Videos ziehe ich jedem Filmabend vor und mache es mir mit Laptop und einer Tasse Tee auf der Couch gemütlich. Sarah nimmt einen an die Hand und dafür bin ich ihr von Herzen dankbar.

Mittlerweile bin ich nicht nur in der Weiterbildung, sondern bin stolzes Teammitglied bei Sarah Eyles und voller Vorfreude und Neugier auf alles, was noch kommen wird.

Stefanie Betzler

Einleitung

„C'est la vie"

Spätestens, wenn wir Eltern werden, werden wir auch gnadenlos mit unseren Wurzeln konfrontiert. Wir erwischen uns bei Prägungen und verwenden Sätze, die wir nie wiederholen wollten.

„C'est la vie" war ein beliebter Spruch meiner Eltern, wenn ich frustriert war, weil die Dinge nicht so liefen, wie sie meiner Meinung nach laufen sollten. Quasi ein Synonym für „so ist das Leben halt, gewöhn dich dran". Ein Ausdruck der Resignation, der in unserer Familie so präsent war, dass er auf dem Fuß meiner Schwester verewigt ist und auf der Todesanzeige meines Opas seine Steigerung fand: „C'est la vie. Elle est dure, mais tres jolie." So ist das Leben, Es ist hart, aber sehr schön.

„Du musst noch lernen, den Mund zu halten", war eine weitere Weisheit meines Vaters, die mich auf das Leben vorbereiten sollte. Aus seiner Warte scheinbar ein wichtiges und richtiges Lebensmodell. Beide Sätze konnte und wollte ich nie annehmen, weder als aufmüpfiger Teenie noch heute. Die letzten drei Jahre haben mich definitiv herausgefordert, gelegentlich sanft eingeladen und häufig auch mit vermeintlichen Grenzen konfrontiert. Ebenso habe ich das Leben herausgefordert und so viel mehr gewählt als jemals zuvor. Ich mochte das Leben und die Welt schon immer sehr gerne und behaupte, dass sich dies auch umgekehrt so verhielt. Als Kind fragte ich mich ständig, ob ich alleine mit diesem Gefühl bin, fühlte mich zu gierig beim Pflücken all der Chancen und Möglichkeiten. Fühlte mich falsch, auch beim Lesen der Todesanzeigen in der Tageszeitung, von all den Menschen, die endlich befreit wurden oder ihr Leben lang fleißig und bescheiden waren. Die Idee, dass dies das Leben wäre, das die Aspekte, auf die wir zurückschauen, hinterließ eine bleierne Müdigkeit in meinem Kinderkopf. Irgendwann stieß ich auf „meine" Anzeige, meinen Lebenssatz, schnitt ihn aus und bewahrte ihn sicher und verborgen vor dem Rest der Welt auf. „Hast du Angst vor dem Tod", fragte der kleine Prinz die Rose. Darauf antwortete sie: „Aber nein. Ich habe doch gelebt, ich habe geblüht und meine Kräfte eingesetzt so viel ich konnte..."

In den letzten Jahren sind sie alle aus ihrem Versteck gekommen und wurden präsenter: Der Teil von mir, der die Welt verändern möchte, der Teil, der nicht bereit ist, den Mund zu halten und besonders der Teil, der das Leben liebt. Die Frau, die alles vom Leben will, berufliche Erfüllung, glückliche Kinder, Zeit für sich, finanzielle Freiheit und so viel mehr, begab sich auf die Tanzfläche. Es wurde eine wilde Party von Emotionen und Erwartungen, was gut so war, denn stellenweise macht Großes zu wählen auch einsam. Als würden sich alle Menschen, die sich dem harten Leben verschrieben hatten und deren Todesanzeigen ich erahnen konnte, entsetzt von mir abwenden.

Ich möchte mit diesem Buch Türen öffnen, für alle Alleinerziehende und vielleicht auch angehende Alleinerziehende, die denken, sie schaffen es nicht. Für Töchter und Söhne, die es irgendwann lesen. Meine Kräfte einsetzen, so stark ich es kann. Mein endgültiger Entschluss zum alleinerziehenden Dasein begann tatsächlich auch mit einem Buch. „Ungezähmt" von Glennon Doyle[1] faszinierte mich sehr, doch dass ich mit diesem Buch eine lebensverändernde Entscheidung treffen würde, ahnte ich nicht. Aus Angst vor diesen Schritten, hätte ich es nicht gelesen. Die Autorin brachte ihrer Tochter bei: „Wir können schwere Dinge tun". Das beeindruckte mich sehr. Ich hätte mir den Spruch auf einen neonfarbenen Post-It schreiben und an meiner Pinnwand vergilben lassen können, neben den anderen Weisheiten. Wäre da nicht eine Frage gefolgt, die mich eiskalt erwischte und mein Leben verändern sollte: „Was würde ich meiner Tochter raten, wenn sie in meiner Situation wäre?". BÄM... Voll ins Herz. Ich schaute meine zweijährige schlafende Räubertochter an und es gab nur eine Antwort, die wie eine Leuchtreklame durch meinen Kopf schoss. Ich wusste, es gab kein Zurück mehr: „Sei glücklich! Verdammt nochmal: Sei glücklich."

Dieser Gedanke an die 35-jährige Version meiner Tochter war stärker als jede Prägung.

Ein lang gezogenes „Okaaay…" irgendwo zwischen Augenrollen und „Wen wundert's" war die Reaktion meines Umfeldes, als sie erfuhren, dass ich dieses Buch zugesagt hatte. „Und wann machst du das?" fragten sie vorsichtig, denn sie alle wissen, dass ich sehr ungemütlich werden kann, wenn man mir in meine Träume oder Projekte reinquatscht. Trotzdem eine berechtigte Frage, auf die ich ehrlich gesagt noch keine Antwort hatte. Bei jeder möglichen Idee schüttelte der strenge Teil in mir, der stets auf mich und mein Wohlergehen achtet, den Kopf. Doch wie die meisten Alleinerziehenden fragte ich nicht danach, ob etwas funktioniert, sondern wie es funktionieren kann. Wie es funktioniert, alleinerziehend mit mehreren Kindern und selbständig, in einer Branche, in der dies (noch) ungewöhnlich ist? Ich hatte keine Ahnung. Die Antwort auf die Frage, wie ich meinen Kindern später diesen Teil unseres Lebens darstellen sollte, erhielt ich in Form dieses Buches. Meine Kreativität jubelte in mir und ich sagte zu.

Zurück zur Prägung: Was meine Eltern sagten, als sie von der Misere meiner Trennung erfahren hatten? „Oh Gott, ICH hatte mich getrennt?" Meine Mutter war entsetzt, fassungslos, erschüttert und saß ziemlich fahl beim Grillen vor Krautsalat und Würstchen, als sie von meiner Entscheidung erfuhr. Nein, es gab keine Dramen, keine Affairen, ich war nicht sitzen gelassen worden. Ich hatte mich nur für mein Glück entschieden. An diesem Tag erlebte ich zum ersten, aber nicht letzten Mal, dass mich dies in den Köpfen einiger Frauen zur Schuldigen machte und das Mitgefühl abrupt endete. Nach schweigendem Essen mit abwesendem Blick, sah meine Mutter scheinbar einen Hoffnungsschimmer. Sie seufzte lang und tat das, was Mütter immer tun, sie wünschte mir das aus ihrer Sicht Beste: „Vielleicht findest du ja einen reichen Mann."

Ich hatte 20 Jahre Erfahrung in der Sozial- und Gesundheitsbranche, unzählige Weiterbildungen, eine kaum vergleichbare Leidenschaft für das, was ich tat und meine Mutter wünscht mir einen reichen Mann. Ernsthaft?! Vielleicht, damit ich mich auf das Wesentliche konzentrieren kann, wie Wäsche falten und Boden fegen, neben meinem Teilzeitjob. Da Kinder so viel mehr aus dem Lernen, was wir ihnen vorleben, als aus dem, was wir predigen, entschied ich mich, an diesem Punkt die Prägung meiner Kinder aktiv in die Hand zu nehmen. Ich entschied, sie darin zu bestärken, dass Menschen sich jederzeit für ihr Glück entscheiden können. Und meinen Teil zu leisten, dass meine Kinder eine Arbeitswelt vorfinden, die sich dem eigenen Leben und den eigenen Stärken anpasst und nicht umgekehrt. Ich bin losgegangen für meine Freiheit und die meiner Kinder. Habe auf meinem Weg Frauen, Müttern, Kindern zu ihrer Freiheit verholfen und tue es noch heute. Um es in den Worten von Cher zu sagen: „Mama, ich bin ein reicher Mann." Doch dies misst sich nicht an Statussymbolen. Ich bin unfassbar reich, zum einen, weil ich jeden Tag sehen kann, welches Geschenk dieses Leben mir gibt. Ich habe das übliche „Oh Gott, wie soll das gehen" abgelegt.

In meiner Welt gibt es Möglichkeiten, die ich annehme oder nicht. Ich bin eine moderne weis(s)e Frau, die die Fürsorge für ihre Kinder mit ihrem Beruf verbinden kann, die keine längere Betreuung braucht und die so gar nichts mit dem seriösen Karrierefrauenbild zu tun hat. Eine reiche Frau, die weiß, dass für sie und ihre Kinder immer gesorgt ist. Durch eine Mischung aus Vertrauen ins Leben und handfester Planung, eine Kombination aus Intuition und Sicherheit.

Ich wünsche mir, dass dieses Buch andere Menschen einlädt, einen gewaltigen Schritt aus der netten Bescheidenheit heraus zu gehen, in ihre selbst gewählte Richtung. Meinen Kinder gebe ich mit und lebe vor: „Lass dir bitte niemals erzählen, was nicht geht, vielleicht hat es nur noch niemand vor dir versucht!"

Deine Sarah

Phase 1

Trennung, Abschiede und
die große Frage,
wie es weitergehen soll

Einmal Helferin, immer Helferin

„Im Helfen von Menschen war und bin ich quasi ein Naturtalent."

Stehe ich an einem Bahnsteig, mit mindestens zwanzig anderen, wildfremden Menschen und irgendjemand hat seine Geldbörse vergessen, hat Liebeskummer oder andere Sorgen, die er mitteilen möchte, ist die Chance, dass ich angesprochen werde, relativ hoch. Die Chance, dass ich helfen kann, auch. Ob ich es mache? Selbstverständlich, denn ich mache es wirklich gerne. Dies gehörte einfach zu mir wie Augenfarbe oder Körpergröße. Ich war und bin eben eine „Helferin".

Zwei Dinge über mich wusste ich seit Teenagertagen:
1. Ich möchte einmal Kinder haben, unbedingt.
2. Ich hasse es, wenn andere mir sagen, wie ich Dinge zu tun habe.

Es gab den Punkt, an dem ich lernte, Letzteres für mich zu behalten, meine Meinung und meinen Frust zu verstecken. Somit bekam ich gerade noch die Kurve, durfte weiter die Schule besuchen und einen recht klassischen Lebensweg führen. Wie mein schulverwiesenes, sitzengebliebenes, provozierendes Teenager-Ich zu diesem Entschluss stand? Natürlich hatte mein „Alles-scheiße-Ich" sich kein Praktikum gesucht und als der Druck größer wurde, bin ich tatsächlich aus purer Faulheit zum Kindergarten eine Straße weiter gegangen. Ich wusste sofort: Hier bin ich richtig. Ich liebte es, mit den Kindern zusammen zu sein, und sie mochten, dass ich da war. Ich wusste, ich wollte diese Arbeit unbedingt, verlängerte mein Praktikum freiwillig und arbeitete die Ferien weiter. Zog den Kindergarten meiner sonstigen Partylaune vor. Ich hatte das entdeckt, was mich glücklich machte und was ich gut konnte. Ich änderte von einem Tag auf den anderen mein Verhalten und meine Arbeitsweise in der Schule, konnte sogar eine Klasse überspringen. Ich wollte die Schule nun noch schneller hinter mich bringen, denn ich hatte ein Ziel: Erzieherin werden. Meine Berufung hat mich damals ganz bestimmt gerettet. Ich liebte die schulische Ausbildung zur Erzieherin, wurde zur Einser-Kandidatin, all das Wissen, die Praktika, ich hatte fast das Gefühl, meinen Sinn im Leben gefunden zu haben.

Nach der Ausbildung wurde meine Begeisterung leider schnell gedämpft, durch die Rahmenbedingungen, die die Arbeit mit den Kindern einengten und teilweise skurrile Vorgaben. Ich arbeitete zum Beispiel wirklich gerne mit Kindern und Jugendlichen aus sozialen Brennpunkten. Die milieubedingten Herausforderungen brachten einen höheren Personalschlüssel und eine intensive Elternarbeit mit sich. Hausbesuche, um die Gesamtsituation der Kids zu verbessern und Perspektiven zu schaffen, waren an der Tagesordnung. Ich liebte diese Arbeit. Solange, bis auf politischer Ebene entschieden wurde, dass es keine „sozialen Brennpunkte" mehr gebe, unser Personalschlüssel wurde reduziert und die Elternarbeit massiv gekürzt. Blöd nur, dass die Eltern und Kinder dieses Stadtteils den Entwurf wohl nicht gelesen hatten. Ach ja, die meisten konnten ja gar nicht lesen.

Der ganz normale Alltagswahnsinn machte es fast unmöglich, die wunderbaren Ansätze, die ich fünf Jahre lang gelernt hatte, anzuwenden. Ich gab nicht auf, erforschte verschiedene Bereiche: Kinderheim, Spiel- und Lernstuben, integratives Arbeiten. Bei Letzterem beneidete ich unsere Therapeutinnen um die Zeit für die Förderung der einzelnen Kinder. Denn für mich war es an allen Stellen knapp und ich war meilenweit von der Arbeit entfernt, die mich erfüllte oder die die Kinder gebraucht hätten.

Ich entschied mich nach vier Jahren Ausbildung und sechs Jahren im Erzieherjob, diesen Weg hinter mir zu lassen. Wollte besser, intensiver helfen und drückte erneut drei Jahre die Schulbank, um Ergotherapeutin zu werden. Nahm zahlreiche Nebenjobs an und ging jeden Morgen um 5.00 Uhr zum Bahnhof, denn diese Ausbildung kostete mehr als den persönlichen Einsatz, im Durchschnitt 30.000 € Schulgeld für drei Jahre Ausbildung. Ich ließ mich in einer Psychiatrie ausbilden, die ein deutlich geringeres Entgelt verlangte, jedoch auch einige Städte weiter weg war, sodass ich jeden Morgen um 5.00 Uhr zum Zug gehen musste. Okay, meistens rannte ich wie verrückt mit einem überschwappenden Kaffeebecher in der Hand, weil ich verschlafen hatte. Um 17.00 Uhr war ich wieder in Köln und begann zu jobben, meist bis 23.00 Uhr. Ich war sehr müde in dieser Zeit, aber auch sehr glücklich, stolz, dass ich mir meinen Traum erfüllte. „Wieviel mehr ich denn verdienen würde, dass ich das alles in Kauf nahm?", wurde ich manchmal gefragt. Irgendwann verschwieg ich, dass ich nicht mehr verdiente als im Erzieherberuf. Ich wollte Spaß und Sinn in dem, was ich tat, mein Preis wäre gewesen, meine Berufung und Begeisterung gegen Resignation und Frust zu tauschen. Ich war Feuer und Flamme, gab drei Jahre lang alles und machte mein Examen als Jahrgangsbeste. Ich war einer dieser schrecklichen Menschen, die auf einer Grillparty stundenlang über ihren Job sprechen konnten und nicht immer merken, wann es die anderen nervte. Übrigens bis heute mein Manko. Wenn ich mich also in Begeisterung rede, rate ich meinen Mitmenschen: Täuscht vor aufs Klo zu müssen und lauft!

Ich entdeckte in einem Praktikum meine Begeisterung für die Arbeitstherapie. Sah, dass die Menschen in unserer Kultur sich sehr stark über Arbeit definieren. Ich mochte das handfeste Arbeiten mit klaren Ergebnissen. Kaum das Examen in der Hand, warb meine damalige Chefin mich an und ich sagte nach einem knappen Bewerbungsfrühstück zu. Diese Praxis brannte für das, was sie tat, ich war umgeben von Menschen mit gleicher Vision und Begeisterung.

Ich liebte die Arbeit in der Praxis, auch wenn diese mir viel abverlangte. Die erste Wehmut beschlich mich nach einem Jahr.

Sommer, Sonne, Sonnenschein... Ich liebte auch das. Und verpasste es. Acht bis zehn Stunden am Tag in der Praxis: Die Wartelisten waren lang und wir konnten und wollten keinem Menschen die Hilfe verweigern. Zehn Stunden heißt zehn Klientinnen und Klienten hintereinander. Kam eine/r zu spät: schnell einen Bericht beginnen. Machte ich fünf Minuten zu lange, lief ich diesen fünf Minuten den ganzen Tag hinterher, bestanden manche Klientinnen und Patienten doch zu hundert Prozent auf die Zeit, die auf ihrer ärztlichen Verordnung stand.

Die Menschen, die unsere Praxis betraten, rochen nach Sonnencreme. Ich arbeitete und war blass. Doch ich schuf wahrhaftige Veränderungen im Leben meiner Klientinnen und Klienten, was mir unglaublich viel gab. Ich weiß und erlebte es besonders in meinem Wirken in der Arbeitstherapie, dass es ein riesengroßes Privileg ist, etwas zu finden, was mich so begeistert und was ich gut kann. Das tröstete mich, bis zu einem Punkt.

Ich wurde Mutter, bzw. erstmal schwanger.

Schnell bemerkte ich, dass beides nicht zusammenpasste. Als der Arzt mich in der Mitte der Schwangerschaft nur noch die halbe Zeit arbeiten ließ, spürte ich die Zerrissenheit. Natürlich priorisierte ich das Wunder in meinem Bauch, doch leicht fiel es mir nicht, meine Klientinnen und Klienten „hängen zu lassen". Ich ahnte schon damals, dass es keine Vereinbarkeit geben würde. Ziemlich genau zwei Jahre nach meinem Sohn kam meine Tochter zur Welt. Ich genoss insgesamt vier Jahre Elternzeit, wodurch ich auch die berufliche Entscheidung hinauszögern konnte.

Ich spürte in diesen Jahren, was ich als Erzieherin immer von der anderen Seite gehört hatte. Unzählige Krankheiten, Schließtage und mein persönlicher Wunsch, meine Kinder nicht acht Stunden am Tag in die Kita zu bringen. Gleichzeitig wusste ich, ich würde mich schlecht fühlen, wenn ich beispielsweise einer suizidalen Klientinnen oder jemandem, dessen Rentenantrag dringend bearbeitet werden musste, kurzfristig absagte. Aufgrund meiner langen Elternzeit konnte ich die Mütter, die ich durch mein erstgeborenes Kind kennengelernt hatte, beobachten, als ihre Elternzeit endete und sehen, wie wenig ihre Vorstellung von Vereinbarkeit mit der Realität zu tun hatte. Sich abzuhetzen, Dinge zu erledigen und ständig gestresst zu sein war ihr Alltag, was man Eltern und Kindern anmerkte. Vielleicht liegt es auch an unserer Branche, dass wir ein „Zuviel" an Bedürfnissen stillen. Nach einem Tag im Helferjob sind viele Menschen satt an Menschenkontakt, alle Worte verbraucht. Auf der anderen Seite Kinder, die viele Worte zurückgehalten haben und nun bitte zu hundert Prozent die Aufmerksamkeit ihrer Eltern wollen, stattdessen aber zum Einkaufen geschleift werden. Wie bei so vielen Eltern sagte mein Kopf und die Gesellschaft mir, dass ich keine Wahl hätte. Oder keine, die mir gefiele. So sei es eben. Zum Glück gebe ich nichts auf diese „C'est la vie-Resignation". Ich wollte meine Zeit selbst einteilen, dachte erstmalig über Selbständigkeit nach. Mein damaliger Partner fand die Idee gut. Natürlich auch, weil für ihn so alles beim Alten bleiben konnte und ich meine Arbeit an den Kindern orientieren würde. Ich ahnte damals noch nicht, dass es so viel mehr werden würde, als nur die Möglichkeit, mehr Zeit mit meinen Kindern zu verbringen.

Ich wollte alles, meine Kinder und meinen Job lieben. Mir geht es besser, wenn ich etwas tue, was ich liebe. Aber wie konnte ich in einer Branche, die natürlich von direktem Kontakt lebt, selbstbestimmt und mit freier Zeiteinteilung wirken? Eine andere Branche kam nicht in Betracht, ehrlich gesagt kann ich auch gar nichts anderes. Also suchte und verwarf ich Ideen, schrieb Businesspläne, las Bücher, hörte Podcasts in jeder freien Minute. Aus einem anfänglichen Funken, dem Wunsch nach mehr Freiheit und Selbstbestimmtheit (in einem Helferberuf) wurde ein Flächenbrand. Doch diese Begeisterung brachte auch Schattenseiten. An manchen Tagen erwischt mich das Gefühl, eine Rabenmutter zu sein, der Gedanke, dass ich nicht so sehr für meine Arbeit brennen und die Kinder an erster Stelle stehen sollten. Oh ja, manchmal fühle ich mich wie eine geldgieriger Businessbitch – mit den am meisten vernachlässigten Kindern dieser Erde.

Dann hilft mir wieder die Frage: „Was würde ich meiner Tochter raten?" Solange die Antwort „Sei glücklich!" ist, entscheide ich mich dafür, meinen Träumen und Wünschen zu folgen. Das ist nicht egoistisch, sondern das Recht eines jeden Menschen. Selbständig zu sein ist für mich so viel mehr als ein Broterwerb. Es ist Ermächtigung, Unabhängigkeit, Freiheit und hat mein Leben völlig verändert.

Von gestorbener Hoffnung und großen Entscheidungen

Als ich mit 23 Jahren den Vater meiner Kinder kennen lernte, dachte ich: Das ist mein Mann, nichts ahnend, dass wir tatsächlich 12 Jahre miteinander leben und zwei wundervolle Wunschkinder in die Welt setzen würden.

Wie bei so vielen Paaren richteten auch bei uns unsere Kinder die Lupe auf das, was nicht lief. Wir waren beide vor ihrer Geburt sehr freiheitsliebend und hatten ziemlich unabhängig voneinander unser Leben gelebt. Durch die Kinder veränderte sich mein Leben grundlegend, seines nur für ein paar Stunden am Abend. Wir wählten ein traditionelles Modell. Er war Haupternährer, ich versorgte die Kinder und steuerte mein Elterngeld bei.

Mein Partner war beruflich viel im Ausland und wenn er mir Fotos schickte, wie er in Mexiko mit Cocktail in der Hand Musik lauschte, während ich mich mit Windeln und Babyzähnen beschäftigte, wusste ich, dass unsere Welten nicht unterschiedlicher sein konnten. Beim ersten Kind hatten wir über die gemeinsame Liebe zu diesem Zwerg jedoch Verbindung empfunden. Ich ging völlig im Thema Baby auf, informierte mich, erforschte ein neues Feld und war dankbar, dass ich mich voll drauf fokussieren konnte, während mein Partner für das Finanzielle zuständig war.

Heute weiß ich, wie wichtig es für mich ist, aus allem was ich tue ein Projekt zu machen. Monotonie und Stillstand sind mir ein Graus. Ich genoss die Elternzeit in vollen Zügen, wie ein Luftholen nach 14 Jahren Berufstätigkeit in Sozial- und Gesundheitsberufen. Ich schlenderte über Wochenmärkte, verkochte bestes Bio-Rumpsteak zu Brei in Eiswürfelform, besuchte diverse Spielgruppen und unzählige Spielplätze. Tatsächlich war ich immer wieder irritiert von all den Menschen, denen ich so über den Weg lief. „Müssen die denn alle nicht arbeiten?" fragte sich mein Angestelltengehirn häufig.

Unsere Räubertochter wollte nach 1,5 Jahren zu uns kommen, kaum hatten wir den Wunsch nach ihr ausgesprochen. Die zweite Schwangerschaft verlief leider problematisch und all die schönen Aktivitäten entfielen. Ich lag 20 Wochen ärztlich verordnet auf der Couch. Wenn ich zu oft auf Toilette ging, fühlte ich mich schuldig, als ob ich die „drohende Frühgeburt" damit auslösen konnte. Die Maßnahmen und die Bettruhe bei 36 Grad Außentemperatur verliefen erfolgreich und meine Räubertochter blieb sogar fast bis zum errechneten Termin im Bauch.

All die Sorgen, eine sehr schnelle Geburt, ihr Blick zu den Sternen – was auch immer der Auslöser war, sie fand es nicht so toll auf dieser Erde. Woher ich das weiß? Es wusste jeder, der auch nur in die Nähe unseres Zimmers kam. Meine Räubertochter war ein Schreibaby, mindestens fünf bis sechs Stunden am Stück geballte Fäuste, hochroter Kopf und lautes Schreien. Innerhalb von drei Tagen veränderte ich mich von der lächelnden Mutter zu einer verzweifelten, ungeduschten Erscheinung, die seit 19 Stunden versuchte, ein Kind zu beruhigen, das nicht zu beruhigen war. Unsere finanzielle Situation war grundsätzlich durch die Auslandsaufenthalte meines Partners entspannt. Allerdings wurde ihm aufgrund der risikoreichen Schwangerschaft immer wieder davon abgeraten, wegzufliegen, was wir an unserem Kontostand bemerkten. So nahm er nach der Geburt einen Auftrag in Australien an und war drei Monate nach der Geburt für zehn Wochen weg. Doch weg aus dem Alltag war er schon vorher, die Kitaeingewöhnung des Großen mit drei Wochen altem Schreibaby, machte natürlich ich. Natürlich, weil seine Arbeit und damit Geldverdienen zu diesem Zeitpunkt in unserer beider Priorität ganz oben stand. Tatsächlich stand Arbeit auch über meiner Gesundheit, so machte ich in dieser Zeit heftige Zahnentzündungen durch, inklusive Wurzelbehandlungen mit Baby auf dem Arm, eine Gürtelrose und irgendwann zeigte mir mein Körper durch das Reißen von inneren Strukturen, dass er keine Lust mehr auf meine One-Woman-Show hatte. All dies versuchte ich in den raren Telefonaten meinem Partner mitzuteilen und dabei lauter zu schreien als das Baby oder der trotzende Zweijährige. Einmal sprach ich aus, was ich mir ständig erhoffte. Ich bat ihn, mit brüchiger Stimme, während ich seit Stunden mit der Kleinen auf einem Gymnastikball hüpfte, einfach nach Hause zu kommen. Sich in den Flieger zu setzen und mich in den Arm zu nehmen. Ich bat ihn, mich nur einen Abend oder auch nur zwei Stunden zu entlasten, so dass ich wieder gesund werden konnte, einfach mal ins Leere gucken konnte, nichts tun, nur ein paar Stunden. Er kam nicht. Natürlich nicht, es wäre auch sehr unvernünftig gewesen. Hätte ich in dieser Zeit Synapsen zum Nachdenken gehabt, hätte ich zum ersten Mal das Angestelltenverhältnis und die Priorität des Geldverdienens in Frage gestellt.

Während ich das tat, was Alleinerziehende ständig tun: Weitermachen, für die Kids und mich selbst, dachte ich: „Wow, so ist es wohl, alleinerziehend zu sein." Heute weiß ich, dass ein entscheidender Faktor ist, ob in Australien jemand das Geld verdient oder nicht.

Diese Zeit hat mich und die Kids unglaublich zusammengeschweißt und ich denke, es war für ihn danach schwierig, wieder Teil unseres Familiengeflechts zu werden. Er war der, der auf der Arbeit war und abends ein Stündchen mit uns verbrachte. Wir haben es nicht geschafft, die Australienkluft zu überwinden. Ich habe es nicht geschafft, dies einfach so hinzunehmen, fühlte mich in seiner Anwesenheit ebenso allein gelassen wie in seiner Abwesenheit. Irgendwie lief es sogar deutlich besser, wenn ich mit den Kindern alleine war und er beruflich im Ausland ...

Die Idee, dass ich an ein oder zwei Tagen in die Praxis ging und er weniger arbeitete, mehr Familie erlebte, war aus seiner Sicht nicht umsetzbar.

„So sind die Männer halt", wie meine Mutter gerne sagte. „Ist bei uns genauso" bestätigten mir viele Freundinnen, wenn ich den Verlust von Partnerschaft, Liebesleben und gemeinsamen Aktivitäten bedauerte. Erschreckend war nicht die Erkenntnis, wie viele Leute wohl dieses Modell hinnehmen, egal, ob Mann oder Frau. Erschreckend für mich war, dass ich es nicht konnte und wollte.

Ich erwartete Partnerschaft, Austausch, Wertschätzung, Intimität. Die Stimme in meinem Kopf erinnerte mich daran, dass ich wieder aus der Reihe tanzen musste, zu viel verlangte, zu anspruchsvoll war. Doch ich wusste, dass mich diese Stimme noch nie gebremst hatte. Ich entschied für mich, die Situation nicht hinzunehmen. Begann die Ursachensuche bei mir. Hatte ich mich vielleicht gehen lassen? Mich nicht genug um ihn gekümmert? Ich stylte mich bewusster, versuchte mich für seine Serien zu interessieren, schlug Familienaktivitäten vor. Man könnte sagen, zum Glück befanden wir uns in der Pandemie. Durch Kurzarbeit bei ihm und Arbeitsverbot meinerseits, hatten wir viel Zeit und wenig Ausreden.

Ich führte ihn sogar zum Mittagstisch beim Italiener aus, ganz ohne Kinder, doch so viel Wein konnte ich gar nicht trinken, um den inneren Abstand zwischen uns zu übersehen. Während ich verzweifelt und ohne Pause Smalltalk versuchte, hätte ich am liebsten geweint. Er sah mich nicht und ich behaupte sogar, er mochte mich nicht mehr. Alles, was mir wichtig war, fand er schrecklich und ehrlich gesagt ging es mir umgekehrt auch so. Natürlich sprach ich das an und bin bis heute fassungslos, was er, wie viele andere, einfach hinnahm. Vorbildliche verdiente er die Brötchen für uns, in der Annahme einer schlechten Partnerschaft, im Hamsterrad von Arbeit und einem Gefühl des Mangels. Ja, lieber ein lebenslanger Schrecken, statt halb tote Gewohnheiten hinter sich zu lassen. Dinge hinzunehmen gehörte noch nie zu meinen Stärken. Also schleifte ich ihn zur Paarberatung und wir scheiterten schon an der ersten Aufgabe für Zuhause. Wir stritten darüber – immerhin stritten wir wieder –, was etwas Leben in die Bude brachte.

Ich meldete uns zu einem Online-Paarrettungskurs an. Wie eine Verdurstende in der Wüste freute ich mich, dass er sich darauf einließ, wusste ich doch, wie schräg er die Coachingszene fand. Dieser Kurs trennte das Paar, um es wieder zusammen zu führen. Wir machten alles wie vorgegeben: Er zog aus dem Schlafzimmer auf die Couch und jeder für sich bekam Aufgaben und Meditationen. Wir besprachen dies bei einer zweieinhalbstündigen Autofahrt, als die Kinder in ihren Sitzen schliefen, hörten das Erklärvideo unzählige Mal, verabschiedeten uns tränenreich und hofften, uns „anders" wiederzufinden. In diesem Moment war beiden klar, dass dies unsere letzte Chance war.

Interessanterweise waren wir auf dem Rückweg von meinen Eltern. Dort hatte ich den Mann, in den ich mich vor zwölf Jahren verliebt hatte, wiedergesehen. Wortgewandt, unterhaltsam, eine Spur zu unverschämt, jemand, mit dem man gerne seine Zeit verbringt. Umso mehr schmerzte mich, dass ich diese Seite seit zwei Jahren vermisste. Er war noch da, nur nicht für mich. Zum Glück ging es jetzt nicht mehr um Vorwürfe und Wünsche. Statt dessen durfte jeder für sich seinen Themen begegnen.

„Ja, dann bleib bei ihm für die Kinder", sagte mir mein innerer Kritiker, ebenso wie einige Menschen aus meinem Umfeld. Ich als Kind von Eltern, die sich „wegen der Kinder" nie getrennt hatten, habe dazu eine sehr klare Meinung.

Ob wir wollen oder nicht – wenn wir unser Glück für die Kinder zurückstellen, geben wir ihnen auch eine Last mit, die sie nicht tragen wollen und sollen, die Schuld für unser verpasstes Leben. Schon als Kind hatte ich mir geschworen, dass ich so etwas nicht tun würde. Kinder haben ein natürliches Bedürfnis nach Familie und es ist auf jeden Fall schwierig für sie, wenn sich diese verändert. Ebenso wichtig ist aber das Wohl der Eltern.

Leute, wir sprechen nicht von einem Tag, einer Woche oder einem Monat, in dem es mal schlecht läuft. Wir sprechen von unserem

Leben! Das wir so nur einmal haben. Sozialisiert und aufgewachsen in dieser Gesellschaft, war der Gedanke, die Situation sei so, weil ich nicht schön genug sei, ziemlich hartnäckig. Ich brachte meinen Körper mehr in Form, lief wie beiläufig in Unterwäsche an seinem Schlafplatz auf der Couch vorbei, um mir danach bei einer Herzöffnungsmeditation aus dem Paar-Rettungsprogramm die Augen auszuheulen. Ich merkte, es machte mich ganz klein, wie unsichtbar neben ihm zu sein.

Ich absolvierte täglich die Meditationen, natürlich schielte ich sinnbildlich immer zur Couch. Wie es ihm wohl ging? Würden wir uns annähern? Ich hätte ihn gerne gefragt, doch das war gegen die Regeln. Auf meiner Seite der Wohnung hatte ich Zeit, um in kleinen Schritten die Brille der Verblendung abzunehmen. Ich hatte es sehr früh vermutet, nun begriff ich es und gestand es mir schmerzlich ein: Er machte die Übungen nicht, priorisierte auf seinem Schlafplatz auf der Couch Netflix und Chips bis in die Nacht. Ich vergoss viele Tränen, denn ich wusste: Jetzt lag es an mir. Er hatte sich entschieden. Entschieden, nicht weiter zu gehen, was natürlich sein gutes Recht ist.

Ich dachte viel über meine Kinder nach, meinen Vierjährigen, der vielleicht versuchen würde, die Vaterrolle einzunehmen, die zweijährige Räubertochter, die in den Wochen der Pandemie zu einem absoluten Papakind geworden war. Ich, die keine Ahnung hatte, wie ich mein Leben nach einer Trennung finanzieren sollte – würden wir im Sozialbau wohnen? Unsere recht teure Nachbarschaft mit Bekannten, Freundinnen und der Kita ums Eck verlassen müssen?

Ja, der Wunsch, glücklich zu sein, ist ein Trennungsgrund. Wer das in Frage stellt, war wohl noch nie unglücklich in einer Beziehung. Ich war kurz davor, mich zu verlieren. Jetzt durfte, nein ich musste, mich für mein Glück entscheiden.

3. ABSCHIED

...von Lebens-, Liebes- und Arbeits-modellen

Der Tag der Trennung war sehr ereignisreich. In meiner Heimat war ein Unglück geschehen, das mich zutiefst erschütterte. Menschen, sogar ein Baby, kamen ums Leben, meine Oma und Mama waren zu diesem Zeitpunkt ganz in der Nähe, mir nahe Menschen waren Augenzeuginnen und standen unter Schock. Ich war völlig aufgelöst, telefonierte viel mit den Menschen aus meiner Heimat und aufgrund der medialen Verbreitung fragten auch Kölner Freundinnen nach meinem Befinden. Während ich schluchzend eine Nachricht von einer Freundin hörte: „Ich wäre jetzt so gerne bei dir und würde dich in den Arm nehmen", wandte ich den Blick zur Seite. Ich hatte den ganzen Tag geweint, getrauert, telefoniert, Unterstützung gesucht, er saß im gleichen Raum auf der Couch und schaute auf sein Handy. Hier gab es kein Schönreden, kein Abwarten mehr. Wenn ich mir etwas wert war, dann beende ich das. „Pack dein letztes Fünkchen Selbstachtung und geh. Wenn nicht für mich, dann für deine Kinder!"

Diese Gedanken kreisten in meinem Kopf, als ich am Abend ins Auto stieg und zu einem lange geplanten Termin losfuhr. Ich kann mich nicht mehr erinnern, was ich gedacht habe oder ob ich weinte. Ich weiß nur, dass ich mich entschieden hatte. Ich fuhr zu meiner Praxis, um meine Kündigung zu unterschreiben. So wurde der Tag, als ich das Angestelltsein hinter mir ließ, auch der Tag, an dem ich mich vom Vater meiner Kinder trennte. Als ich spät am Abend an seine Tür klopfte, wusste er Bescheid. Wir weinten zusammen und nahmen uns ein letztes Mal in den Arm. Für einen kurzen Moment war ich nicht mehr unsichtbar.

In den Tagen und Wochen danach spürte ich keine Freiheit, sondern nur Leere, Schuld und Sorge. Er stimmte seinem Auszug im Sinne der Kinder zu. Neben dem Wunsch, dass die Kids in ihrem gewohnten Umfeld bleiben sollten, wusste ich, dass es für mich sehr schwierig bis unmöglich werden würde auf dem Kölner Wohnungsmarkt. Alleinerziehend, gerade gekündigt, mit der Idee einer Selbständigkeit.

Die Tage, Wochen und Monate vergingen, ich hatte versucht ihn zu ermutigen, hatte ihn aus schierer Verzweiflung beleidigt, ihm passende Wohnungen herausgesucht, ihm vorgeschlagen, zu Freunden zu gehen. Erfolglos. Schließlich begriff ich, dass er es einfach auszusitzen versuchte.

Nun wurde es Zeit, endlich der Realität ins Auge zu sehen. Immer häufiger stand ich vor der Wohnungstür und überlegte, wie ich den Moment, bis ich den Schlüssel umdrehte, hinauszögern konnte. Sich als Eltern zu trennen, ist schrecklich. Nach einer Trennung mehr als drei Monate lang zusammen zu leben ist unerträglich. Die Luft war zum Schneiden. Die Kinder mussten aus diesem Dunst aus Vorwürfen und fehlendem Respekt befreit werden. Wie ich auch. Ich begab mich selbst auf Wohnungssuche. Mit ernüchterndem Ergebnis. Die Bruchbuden, zu deren Besichtigung ich überhaupt eingeladen wurde, waren dunkel, 50 Quadratmeter groß und in nicht ganz so netter Gegend. Ihre Vermieter sagten mir ab, sobald sie von meiner Lebenssituation erfuhren. Immer wieder. Erwähnte ich im Vorfeld, dass ich alleinerziehend war, wurde ich gar nicht erst eingeladen.

Es zog sich wie ein Kaugummi, der schon lange seinen Geschmack verloren hatte und sich im Mund zu einem widerlichen, bröckelnden Klumpen verwandelt. Mittlerweile war die Trennung schon 6 Monate her und wir lebten immer noch unter einem Dach.

Beim Zubettbringen fing mein Vierjähriger eines Abends an zu weinen und sagte: „Mama, du musst schnell eine Wohnung finden, ihr streitet so viel." Ich fühlte, wie mein Herz zerbrach. Dachten wir doch, nicht offensichtlich vor den Kindern zu streiten, wäre ausreichend. Doch die dauerhafte Anspannung, mein Ärger über das „Aussitzen" seines Vaters, den Frust bei der Wohnungssuche, natürlich bekam er das alles mit. Alles schön zu reden und zu ignorieren war sinnlos, ebenso wenig wie mir selbst konnte ich meinen Kindern etwas vormachen. Kurz gesagt: Ich fühlte mich hilflos, ohnmächtig, unfähig meinen Kindern zu bieten, was sie verdient hatten und fühlte mich vom Leben ziemlich beschissen behandelt.

Nebenbei versuchte ich, mein Business in Gang zu bringen, trotz der Pandemiebeschränkungen, die meine „körpernahe Dienstleistung" untersagten. Ich schaffte es sogar, Körperarbeit online umzusetzen, nennenswertes Geld brachte das nicht ein.

Eine entmutigende Version meiner selbst, die nicht wusste, in welche Richtung sie gehen sollte, scrollte immer häufiger frustriert durch Social Media. Ich verstand die Faszination des „sich berieseln Lassens", die ich meinem Expartner so oft vorgeworfen hatte. Fast wäre ich für immer im Social Media Loch verschwunden, manchmal wurde ich erst nach Stunden wieder ausgespuckt, ohne eine Ahnung, wohin die Zeit verflogen war. Irgendwann in dieser Phase des „Gelebtwerdens" und der Hoffnungslosigkeit stolperte ich über einen kostenlosen Workshop von Online-Coaches und meldete mich an. Ich hatte bereits eine Coachingausbildung online absolviert und war sehr zufrieden, vor allem mit der Vereinbarkeit mit meinem Familienleben. Warum also nicht? Der Workshop dauerte fünf Tage, ich ließ den ersten Tag nebenbei laufen, während ich die Brotdosen der Kinder füllte. Die Energie, die dort gelebt wurde, packte mich und riss mich raus aus etwas, von dem ich gar nicht wusste, wie tief ich darin steckte. Ich fühlte mich so verstanden in meinem Schmerz und klebte an den Lippen der Coaches, als sie erzählten, wohin der Weg gehen würde.

Wow, super spannend! Ja, aber nicht für mich. Ich mache nur seriöse Sachen und von Online-Coaching hatte ich schon die wildesten Dinge gehört. Außerdem hatte ich keine Ahnung von Technik und mein Facebookprofil nutzte ich nur zum Stalken, hatte noch nicht mal meinen echten Namen angegeben. Trotzdem hörte und las ich jeden Beitrag dieser Coaches und konnte den nächsten Workshop-Morgen kaum erwarten.

Der zweite Tag war noch aufwühlender. Alles in mir sagte Ja, mein Körper vibrierte, da gab es Menschen, die etwas vorlebten, was mir so sehr gefiel! Mit mir geschah etwas Unglaubliches in diesen fünf Tagen. Etwas, das maßgeblich zu meinem weiteren Weg beitragen sollte: Ich übernahm die Verantwortung für mein Leben und nahm Abschied. Abschied davon, mir selbst leid zu tun, von der Opferrolle und dem Gefühl, ohnmächtig zu sein. ICH war ganz allein verantwortlich für alles in meinem Leben, auch für den Mist, in dem ich mich befand. Ich schaute so ehrlich und ungeschönt auf mich und mein Leben wie nie zuvor. Es tat unglaublich weh und ich war kaum mehr in der Lage, meinen Alltag zu meistern. Ich verließ morgens mit Sonnenbrille das Haus, um die Kinder zum Kindergarten zu bringen. Ich hatte rotgeweinte Augen, der Abschied von meinem alten Ich tat weh.

Ich bewarb mich auf eine Traumwohnung, bei der ich eigentlich keine Chancen sah. Verwarf diesen Gedanken sofort wieder, erinnerte mich, dass ich die Opferrolle aufgegeben hatte. Stattdessen fragte ich mich pausenlos: Was kann ich tun, um diese Traumwohnung zu bekommen? Und setzte jede Idee, die mir kam, konsequent um. Ich schrieb einen Brief, einen von mir und einen im Namen meiner Kinder. Fügte ein Foto von uns in der Hängematte hinzu. Schrieb die Verwaltung folgendermaßen an: „Vielleicht wollen sie mit dem Klischee von Alleinerziehenden aufräumen." Meine neue Kraft erschreckte mich selbst. Ich wurde sogar zur Besichtigung geladen und wusste: Das ist meine Wohnung! Die Besichtigung dauerte nur zehn Minuten, da es neben mir noch so viele Bewerber gab, vor allem alleinstehende Männer. Den Garten konnte ich gar nicht sehen. Ein Garten mitten in der Stadt, mein Körper vibrierte erneut.

Dieser Workshop hatte mich ins Leben zurückgeholt, meine Kraft aktiviert, mir Perspektiven gegeben und mich einen Schritt näher an eine Traumwohnung gebracht. Die fünf Tage waren vorbei, es gab die Möglichkeit, sich länger begleiten zu lassen, natürlich nicht kostenlos. Ich führte ein Telefonat mit einer Dame aus dem Team und wusste, das ist mein Weg. „Okay, ich werde das tun, zu hundert Prozent. Ich spüre, dass es richtig ist. Ich bin bereit, egal was es kostet, 500€, 700€... Ich mache das." Zum ersten Mal hatte ich das Gefühl, dass alles gut werden würde.

Ich erfuhr den Preis und war sprachlos. Willkommen in der Online-Coachingwelt. Soviel Geld hatte ich noch nie in meinem Leben besessen, geschweige denn darüber nachgedacht, dies zu investieren. Wieder Tränen, 15 Minuten saß ich stumm auf einer Parkbank, mein Versprechen an mich selbst versus dieser surrealen Summe, die ich nicht im Ansatz besaß.

Ich wollte Leben, ich wollte diese Energie, mit der ich mich auf die Wohnung beworben hatte. Ich glaubte an mich. Ich sagte zu und machte mit meinem letzten Geld eine recht hohe erste Anzahlung, keine Ahnung, wo ich den Rest hernehmen sollte.

Als ich aufgelegt hatte, atmete ich erst einmal durch. Ich atmete und grinste dabei. In dem Moment sah ich, dass „angeklopft" hatte während meines Telefonats. Die Verwalterin der Traumwohnung, MEINER Traumwohnung. Ich rief zurück und wusste ganz intuitiv und klar, dass ich die Wohnung hatte. So war es. Ich war eingetreten in eine Welt jenseits von dem, was ich vorher für Vernunft gehalten hatte. Ich hatte für mich und unsere Zukunft entschieden. Sieben Tage später konnte ich einziehen, verabschiedete mich von meinem alten Leben, meiner alten Liebe, meiner Wohnung und meinem Leben als Elternpaar. Noch mehr Tränen und Sonnenbrille auf. Doch es waren Tränen der Erleichterung und der Freude. Ich war mächtig und erlebte zum ersten Mal, wie sehr mein Leben und mein Business ineinandergreifen. Ich ließ vieles zurück, glücklicherweise auch einige Selbstzweifel. Ich bezog die Wohnung einen Tag vor meinen Kindern. Zum einen wäre das Möbelschleppen und Aufbauen kein guter Rahmen gewesen, um sie in Empfang zu nehmen. Zum anderen wählte ich bewusst die erste Nacht alleine, um anzukommen, mich zu sortieren, durchzuatmen und mein Krönchen zu richten. Da lag ich, inmitten meines Gefühlschaos, in meinem neuen Leben, für das nur ich verantwortlich war. Ich alleine, für mich und die zwei Schätze. Da Zweifel und Sorgen wegzuschieben ebenso anstrengend war wie umzuziehen, schlief ich bald tief und fest. Ganz bestimmt schlief ich grinsend ein. Ich erwartete den nächsten Morgen und die Reaktion der Kinder voller Spannung und mit etwas Unbehagen.

Phase 2

Was ist schon normal?
Von Wunden lecken, Visionen
und Businessaufbau

Von leeren Schränken und zitternden Fingern

Ich konnte meine Kinder körperlich spüren, als sie die Treppen hochgelaufen kamen. Die Wohnung war recht kahl, es fehlte noch einiges und die Kisten stapelten sich. Doch das Kinderzimmer war fertig, der Kühlschrank stand. Meine Kinder liefen in ihr neues Zimmer, erkundeten das Zuhause, kletterten wie erwartet in die versteckten Eckkämmerchen dieser wunderschönen lichtdurchfluteten Wohnung mit Echtholzboden mitten in unserem Lieblings-Stadtteil. Ich hatte das Gefühl, die Wohnung hieß uns willkommen und zeigte sich von ihrer besten Seite. Mein Herz klopfte wie bei einem ersten Date, ein Date mit unserem neuen Leben. Wir hatten ein Zuhause. Die Kinder liebten ihr Zimmer, mochten die Wohnung und brachten die Unbeschwertheit in die Räume, die uns allen so lange gefehlt hatte.

Mit unserem Umzug begannen die Kita Ferien. So blieb viel Zeit zum Erklären und Trösten des Großen. Der Gedanke, dass meine Kleine mit zwei Jahren gar nicht wusste, was hier lief, schmerzte sehr. Ein ständiger Wechsel zwischen Schuld und Befreiung. Ein, zwei Tage lang war alles sehr aufregend, Dinge aus Kisten zu packen und neue Plätze für sie zu suchen. Unser Hausstand war lückenhaft,hatte ich doch nicht die Energie gehabt, um Diskussionen über Auflaufformen zu führen. Sogar das Auto, das ich aus meinem „Weglaufgeld" finanziert hatte, hatte ich zurückgelassen. Ja, ich hatte immer Weglaufgeld an der Seite gehabt, um nie in die Abhängigkeit zu geraten. Glücklicherweise war ich nun nicht weggelaufen, sondern gegangen, aufrecht gegangen, ohne mich über Kinderbesteck zu streiten. Wollten wir Spaghetti essen, mussten wir uns anziehen und losstapfen, um sowohl Lebensmittel wie auch Töpfe und eine Parmesanreibe zu kaufen. Die Abenteuerlaune verzog sich langsam.

Gefühlt mein ganzer Freundes- und Bekanntenkreis kramte Dinge hervor, die wir brauchten, vom Bett über Pfannen, Geschirr, Gläser – sogar eine Nudelmaschine, die aus nostalgischen Gründen bis heute bei uns im Schrank verstaubt. Glücklicherweise gehörte auch ein Fernseher zu den Geschenken, so waren meine Kinder zeitweise beschäftigt und ich hatte etwas Luft beim Auspacken der Kisten.

Grundsätzlich veränderte sich an unserem Alltag wenig. Die Versorgung der Kinder war in der Beziehung meine Aufgabe gewesen und mir vertraut. Innerlich entspannte sich alles in mir, angesichts der streit- und vorwurfsfreien Umgebung. Ich lachte wieder und entdeckte in mir Kräfte, die ich noch nicht gekannt hatte.

Die Kinder und ich erkundeten die Gegend. Wir fühlten uns absolut wohl. Wir machten ein Café um die Ecke zu unserem Stammcafé und es entstand eine Milchschäumchen-Tradition, die wir bis heute pflegen. Solche Dinge, die für andere Menschen Luxus sind, sind meine Basis geworden, an der ich nie spare. Kaffee und Schäumchen schlürfen heißt für uns, die Kraftreserven aufzuladen und unsere Beziehung zu stärken.

Es gab viel Unterstützungsangebote, meist in Form von angebotener Kinderbetreuung, damit ich irgendetwas in Ruhe machen konnte. Lieb gemeint, aber meine Kinder hielten sich buchstäblich an mir fest, in dieser neuen Welt, in der ich ihre einzige Konstante war.

Eine Woche später verreisten wir, eine schon länger geplante Reise. Ich ließ Kisten, halbfertige Dinge und meine Vernunft zurück und freute mich auf Raum und Zeit für die Kids und mich. Mir wurde eine Fahrt zum Bahnhof angeboten und aus meiner alten „Ich-schaffe-alles-alleine" Mentalität heraus lehnte ich ab. Ich wollte Koffer packen und stellte fest, dass ich keine hatte. Okay, dann eben Taschen und Tüten. Als es auch noch in Strömen zu regnen begann, tat ich etwas, was ich an diesem Punkt lernte und noch oft nutzen würde: Ich bat doch um Hilfe und wurde zum Bahnhof gefahren. Dort angekommen gingen mit meiner Zweijährigen die

Pferde durch, sie riss sich von meiner Hand und rannte los. Einfach weg im Getümmel des Kölner Hauptbahnhof. Ich zerrte meinen Sohn am Handgelenk hinterher und rannte meiner Tochter nach. Mit schreiender Ausreißerin an der Hand, suchte ich wenig später meine zurückgelassenen Taschen. Mist, eine war umgekippt und ein alkoholisierter Obdachloser räumte sie gerade wieder ein. Ich bedankte mich, raffte herumliegende Gummistiefel, Bilderbücher und Kuscheltiere zusammen und suchte unser Gleis.

Endlich im Zug, merkte ich, dass meine Hände zitterten, die lange unterdrückte Überforderung bahnte sich ihren Weg. Wie sollte ich das alles schaffen? Mein Leben hatte Fahrt aufgenommen und ich fürchtete, dass hinter der nächsten Kurve der Abgrund wartete. Ich versteckte meine zitternden Hände hinter guter Laune, schob die Gedanken zur Seite und gestaltete die Bahnfahrt für die Kinder mit Spielen und Snacks. Diese Urlaubswoche war unglaublich wichtig, auch weil es Essen und Unterhaltungsprogramm für die Kinder gab und somit Raum für mich. Während des Mittagsschlafs meiner Tochter telefonierte ich und versuchte Geld aufzutreiben. Ich rief in meiner Verzweiflung dubiose Kreditfirmen an, um uns die nächsten Monate zu sichern. Selbst die lehnten mich ab, meine Hände zitterten wieder. Oder immer noch? Öffentliche Stellen hatte ich bereits in der Woche davor abgeklappert. Verlangt wurde ein Steuerbescheid über meine Einnahmen, den ich nicht hatte, da ich ja erst mit meiner Freiberuflichkeit begann. Ich fiel durch das Hilfsnetz aus Wohngeld, Kinderzuschlag etc.

Am dritten Tag blieb meine Kleine für eine Stunde ohne mich in der Betreuung und ich setzte mich alleine in den Wald. Ich weinte bitterlich, das Zittern der Hände wurde stärker und erfasste meinen ganzen Körper. Ich ließ all die Überforderung, Hilflosigkeit, Ohnmacht und die Sorgen bezüglich unseres neuen Lebens zu. So lange, bis ein weißer Hirsch vor mir stand. Ich musste lachen, angesichts dieser disneyreifen Szene, dabei saß ich am Gatter eines Tierparks.

Zwei Jahre später kehrte ich zurück zu diesem Ort, im Kreis vieler Freundinnen, als völlig anderer Mensch. Ich weinte erneut an diesem Zaun, erzählte dem Hirsch, wie sich alles gewandelt hatte.

Diese Reise war unglaublich wichtig, zum einen, da ich mich nach meinen Heulkrämpfen endlich wieder spüren konnte und so auch meine Kinder mich wieder spürten. Zum anderen, weil ich dort zum ersten Mal viele andere Alleinerziehende kennen lernte. Sie lachten, lebten, ihre Kinder sahen glücklich aus. Das Gefühl, gescheitert zu sein als Familie, wandelte sich in dieser Woche. Wir waren eine Familie. Im näheren Kontakt erfuhr ich, dass fast alle Anwesenden diese Reise finanziert bekommen hatten. Gedanken, wie „unfair" dies war, schossen mir in Millisekunden durch den Kopf. Das würde in den nächsten Jahren noch häufig geschehen. Nein, so konnte und wollte ich nicht denken. Mein Glas war jetzt halb voll und ich feierte, dass ich überhaupt das Privileg dieser Reise hatte. Ich entschied mich für Dankbarkeit und dafür, glücklich zu sein und ließ ein Stück Überlebenskampf und Schuld an diesem Ort zurück. Ich erkannte, wie wichtig solche Auszeiten für uns als Familie sind und dass auch sie, wie die Milchschäumchen, die Basis sein sollten.

Mit voll aufgeladenem Akku konnte das neue Leben wirklich starten. Ich krempelte die Ärmel hoch und begann, mir das Leben zu erschaffen, von dem wir träumten. Zurück zuhause, strichen wir zusammen die Wände und bis heute erinnern mich fleckige Fußleisten und farbige Steckdosen an unseren gemeinsamen Spaß. Ich kümmerte mich nachts um mein Business und konnte mich am Tag auf die Kinder und die Wohnung fokussieren. Nach wie vor nutze ich selten Möglichkeiten, um die Kids „weg zu organisieren". Stattdessen sondern er- und durchleben wir die Dinge als Familie. Glücklicherweise bot die Wohnung vieles, was wir vorher nicht hatten und das Ankommen erleichterte: Einen Garten voller Wildwuchs und einem frechen Eichhörnchen, eine Badewanne, in die die Kinder anfangs täglich hüpften, und einen Spielplatz mit Seilwinde in nächster Nähe. Als wir wenige Wochen nach dem Auszug den dritten Geburtstag meiner Räubertochter im Garten feierten und das Eichhörnchen uns mit Nussschalen bewarf, sah ich mich um.

Mein Expartner war da und alle Großeltern. Dass meine Schwiegermutter, die mir viel bedeutete, mich nicht ablehnte, erleichterte mich ungemein. Meine Kinder lachten und tobten, zeigten voller Stolz unser Heim. Ich stand im Garten und war wahnsinnig stolz auf mich, auf alles, was ich geschaffen hatte und dass ich diesen Schritt gegangen war. Die Sonne schien, das Planschbecken war gefüllt, es gab Kuchen, meine Kinder und ich waren glücklich.

„Alles wird gut!" Endlich spürte ich es im ganzen Körper. Ich schnitt mit ruhigen Händen die Peppa-Wutz-Torte an.

5. UMGANGSMODELL

War doch klar, oder?

Heute weiß ich: Spätestens bei meiner Rückkehr in die Arbeitswelt wäre es zur Trennung gekommen. Ich liebte es, Mutter zu sein, doch ich liebte auch meinen Job als Helferin. In der Arbeit mit Menschen ist Zuverlässigkeit wichtig und ein hoher Wert. Diskutierten wir das schon in der Zeit als Paar, wurde es nun nicht leichter. Heute weiß ich: Hätten wir schnell eine verbindliche Regelung gefunden, hätte sich mein Leben bestimmt anders entwickelt. Ich dachte über einen kinderfreien Tag nach, hätte ich diese Zeit komplett zum Arbeiten nutzen können. Zwölfstundentage waren nicht ungewöhnlich in meiner Branche. Ich überlegte, auch die Wochenenden ohne Kinder zu nutzen, um 48h-Dienste als persönliche Assistenz für Menschen mit Behinderung zu leisten. So hatte ich mir meine Ergotherapieausbildung finanziert, allerdings kinderlos. Nebenbei könnte ich freiberuflich als Verfahrensbeiständin arbeiten. Bei meinem ersten und letzten Fall als Verfahrensbeiständin wurde mir jedoch klar, dass die Kinder, die ich unterstützen/vertreten wollte in der Regel erst ab 16.00 Uhr zuhause waren, so wie meine.

Ich brauchte also einen langen Arbeitstag und die klassischen Wochenenden im Wechsel würden den Kids bestimmt auch gut tun. Als mein Ex sagte, dass er dies nicht verbindlich zusagen könne, war ich erst einmal sprachlos. Seiner Aussage nach ließ sich das schwer mit seinem Job und den Auslandseinsätzen vereinbaren. Fassungslos machte mich, wie oft, dass besonders von anderen Frauen, dieses Argument einfach akzeptiert wurde. „Ja, das geht halt nicht mit jedem Job, da muss der Chef schon mitspielen…" Ernsthaft, liebe Gesellschaft?! Ich bin ein Mensch, den Ungerechtigkeiten extrem wütend machen und so diskutierte ich mir den Kopf heiß. Hoffte auf Solidarität und Verständnis. Ich musste doch auch arbeiten.

Ich verstand damals noch nicht, dass es sinnlos ist, gegen Begrenzungen im Kopf anzureden. Ich versuchte mich mit einem ziemlich typischen deutschen Verhalten anzulegen, die Arbeit als etwas zu akzeptieren, dem sich alles andere unterzuordnen hat: Die Kinder, die Freizeit, die Liebe. Entschlossen, eine Lösung zu finden, machte ich einen Termin bei einer Juristin aus und erfuhr zu meiner Überraschung, dass Väter beim Umgang nichts müssen, aber vieles dürfen. Willkommen in der Realität der Alleinerziehenden!

Nachdem ich gerade erst meine Existenzängste überwunden hatte, sah ich mich mit dem grundsätzlichen Problemen konfrontiert. Wann sollte ich die Zeit finden, um zu arbeiten? In meiner Branche können wir nur direkt mit Menschen arbeiten, Homeoffice und freie Zeiteinteilung sind keine Option. Wie ich außerdem meinen Kindern erklären sollte, dass sie ihren Vater manchmal vier Wochen nicht sehen würden und welche Trauer dies bei ihnen auslösen würde, daran wollte ich gar nicht denken.

Ich vereinbarte einen gemeinsamen Beratungstermin bei dieser Juristin. Ich glaube, mein Expartner ist nur erschienen, weil dort auch der Unterhalt geklärt wurde. Ich weiß bis heute nicht, ob er über dieses „Nicht-Müssen" in Bezug auf den Umgang informiert ist oder war. Die Fachfrau erwähnte es an diesem Tag nicht. So entstand die Regel, dass er alle 14 Tage die Kinder für zwei Tage nehmen „musste", eine Vereinbarung, der er irgendwann mürrisch zustimmte. Wichtig ist vielleicht anzumerken, dass er durchaus an dem Kontakt zu den Kindern interessiert war und sie auch gerne mal für zwei Tage nehmen wolle, insofern er es beruflich eben einrichten konnte. Mehr aber eben nicht. Die Kinder während der Woche an einem Tag zu nehmen, vielleicht auch nur alle 14 Tage, darauf ließ er sich nicht ein.

Beschrieb ich meine Verzweiflung, wie ich unter diesen Umständen Geld für mich und die Kinder verdienen sollte, kam das Totschlag-Argument schlechthin: „Dann hättest du dich nicht trennen sollen." Als der Druck in diesem Gespräch zu groß wurde, drohte er damit, die Kinder ganz zu sich zu nehmen. Trotz der Haltlosigkeit dieser Aussage kamen mir innerhalb von Sekunden die Tränen und Angst machte sich breit. Die Vorstellung, dass diese Lieblingsmenschen, deren erste Jahre ich so intensiv begleitet hatte, so massiv aus meinem Leben verschwinden würden, war der Horror schlechthin.

Ich nahm die Vereinbarung über vier Tage Betreuungszeit im Monat an und erkannte den wahren Wert dieses Schreckmoments. Jetzt war ich genau an dem Punkt, an den ich nie hatte kommen wollen. Dass die Kinder, ob sie es merkten oder nicht, zur Belastung wurden, dass sie dem Brot verdienen im Wege standen und wir ums „Abschieben" feilschten. Ist das der Wert der Arbeit? Wofür kämpfte ich hier eigentlich? Im Grunde brauchte ich zwei Dinge: Einen Weg, meine Klientinnen und Klienten verantwortungsvoll zu begleiten und finanzielle Sicherheit. Ich wollte viel Zeit mit meinen Kindern verbringen und ihnen zu diesem Zeitpunkt nicht mehr als die gängige Fremdbetreuung zumuten, also durfte ich die anderen Punkte verändern.

Ich wusste, was ich wollte, hatte jedoch erstmal keine Ahnung, wie ich dies umsetzen sollte. Meine Selbständigkeit war der Schlüssel. Meine Suche nach der eierlegenden Wollmilchsau verlief erfolgreich. Ungünstigerweise sagte ich in der Gründungsphase, die so entscheidend ist, immer wieder Termine ab, die ich eigentlich nicht hätte absagen sollen. Aber selbst wenn ich Präsidentin gewesen wäre und Verhandlungen für den Weltfrieden hätte führen müssen, hätten die sich irgendwo hinter der Bindehautentzündung und dem Magen-Darm-Infekt meiner Kinder oder der nächsten Kitaschließung anstellen müssen.

Ja, es fällt mir nach wie vor schwer, bei einem kranken Kind alle Termine kurzfristig abzusagen. Doch spätestens, wenn meine Kleine noch ein paar Tage später erzählt, dass ich neben ihr saß, wirklich den ganzen Tag, freue ich mich. Das soll das Gefühl sein, das ein krankes (Trennungs-)Kind haben soll.

Ich war die Alltagsmama und der Papa hielt meist seine zwei Wochenenden ein. Ich war dankbar, dass ich einen Weg gefunden hatte, meine Kinder so viel bei mir zu haben und meinen Traum dennoch leben zu können. Die Betreuungsnot wurde zu einer Unabhängigkeitstugend.

Auf der eierlegenden Wollmilchsau in die Zukunft

„Wow, du mutige Frau", sagte und meinte ich häufig, wenn eine Frau JA zu meiner Begleitung sagte. Diesen Satz habe ich selbst auch unzählige Male gehört. Mittlerweile benutze ich ihn nicht mehr, sondern freue mich mit meinen Klientinnen über ihre neuen Möglichkeiten.

Mutig ist es, ohne Seil von einer Klippe zu springen oder als Kind bei dem fiesen Nachbarn zu klingeln und schnell wegzulaufen, um der Gefahr, erwischt und ausgeschimpft zu werden, zu entgehen. In einer Selbständigkeit geht man nicht davon aus, dass etwas Schlimmes passiert. Im Gegenteil, der Zauberstab ist, zu wissen, dass es immer eine Lösung gibt und wir diese nur noch finden müssen. Dass auf dieser Haltung mein ganzes Konzept aufbauen würde, war mir anfangs nicht klar.

Da stand ich nun, mit den Kindern und dem Wissen, dass es so nicht funktionierte, als klassische Angestellte in einem Sozial- oder Gesundheitsberuf. Gleichzeitig muss ich ehrlich sagen, es beruhigte mich, zu wissen, ich würde, wenn alle Stricke reißen würden, immer wieder eine Festanstellung finden. Schon bald beruhigte ich alle anderen um mich rum mit dieser Erwähnung. Denn für mich selbst war sehr schnell klar: Es gibt kein Zurück!

Oft hörte ich von anderen Frauen, dass sie sich erst in die Mutterrolle einfinden mussten. Das Gefühl, permanent gebraucht zu werden, die große Verantwortung, tausend Dinge gleichzeitig zu machen und am Ende des Tages das Gefühl zu haben, dass es nicht gereicht hat, man eigentlich nichts geschafft hat. Als ehemalige Erzieherin und Ergotherapeutin, erprobt als Familienbegleitung und persönliche Assistenz für Menschen mit Behinderung, atmete ich jedoch auf als Mutter. Wahrscheinlich wie jede Krankenschwester, Tagesmutter, Sozialarbeiterin, die erleben darf, wie es ist, für „nur" ein Wesen die Verantwortung zu tragen. Ernsthaft, ich hatte ein High-Need- und ein Schreibaby und trotzdem erfuhr ich erst in der Elternzeit, wie es ist, mal dreißig Minuten nichts zu tun zu haben. Wie Menschen aus Sozial- und Gesundheitsberufen beides schaffen, Mutter und Helferin zu sein? Ich weiß es nicht. Denn ich entschied mich dagegen.

Die Gründe für meine Selbständigkeit waren klar. Mein Hauptziel war die Vereinbarkeit von Familie und Beruf und der starke Wunsch, meine Kids nach eigenen Vorstellungen in Betreuung geben zu können. Ich kannte meine Kinder und ich kannte die Realität der Kitas und Tagesmütter. Ebenso hatte ich unglaubliche Angst vor einem fast vorprogrammierten Rollenkonflikt. Wie sollte Vereinbarkeit in meiner Branche funktionieren? Arbeit am und mit Menschen ist stark durchgetaktet. Als Ergotherapeutin ist es nicht möglich, dreißig Minuten später zu erscheinen, weil das Kind morgens den zweiten Schuh nicht gefunden hat oder noch drei Umarmungen beim Abschied braucht. Als Mutter auch nicht, wenn spontanes Bauchweh anklopft oder die Schule früher schließt. Blöderweise hatte ich kein Role-Model, bei dem ich mir abschauen konnte, wie es geht. Weder als Alleinerziehende noch als Selbständige in meiner Branche. Stöhnten meine Kolleginnen in der Tagespflege oder mit eigenen Ergopraxen doch über gleiche zeitliche Belastungen und enge Regularien.

Ich suchte sogar in der Film- und Fernsehwelt. Vergeblich. Überall, das Bild der Alleinerziehenden, die zwischen drei bis vier Jobs hin und her hetzt, um gerade so über die Runden zu kommen. In diesen Filmen bockte irgendwie nie ein Kind oder wollte morgens einfach nicht in die Schule gehen und es fiel auch keine Milchtüte auf den Boden. Ich wollte nicht, dass meine Kinder funktionieren müssten, auch wenn die Verlockung für einen Moment da war... Also sammelte ich Informationen wie ein Eichhörnchen Nüsse für den Winter. Manche würde ich nie wieder ausbuddeln, manche sicherten unser Überleben. Was ich immer wieder hörte, war: Eine Selbständigkeit aufzubauen kostet Zeit, im ersten Jahr ist nicht mit ernst zu nehmenden Einnahmen zu rechnen. Diese Zeit hatte ich definitiv nicht. Meine Arbeitszeiten, ohne Kinder waren, aufgrund des weiten Wegs zur Kita, von 10.00 Uhr bis 14.30 Uhr und ich brauchte zeitnah Einnahmen. Ab diesem Zeitpunkt begann das Spiel, damals noch von Adrenalin getragen. Ich plante, traf Entscheidungen und ließ Fehlentscheidungen los.

Ich lernte, unglaublich effizient und überlegt zu handeln. So gerne hätte ich meine Texte nochmals überarbeitet, mich in aller Ruhe auf wichtige Gespräche vorbereitet oder meine Businessbluse gebügelt vor einem wichtigen Termin. Was ging, ging und den Rest lernte ich anzunehmen.

Meine Tätigkeit als Verfahrensbeiständin ließ ich los. Aus mangelnder Betreuung zu Zeiten, an denen ich sie gebraucht hätte, mindestens an einem Nachmittag pro Woche. Meine geliebte Körperarbeit gab ich auch auf. Das Anbieten von Einzelstunden brachte nicht genug Einnahmen und keine finanzielle Planbarkeit.

Ich entschied mich, meine Freiberuflichkeit auf zwei Beine zu stellen, immer mit der Frage, was mich langfristig näher zu dem Leben führte, das ich wollte. Das Online-Coaching, für das ich immer noch Geld zusammenkratzte, sollte mein erstes Standbein sein. Doch da ich zuletzt vor sieben Jahren ein zu dunkles Bild meines Mittagessens gepostet hatte, wusste ich, dass dieser Weg Zeit brauchen würde. Mein zweites Standbein war mir vertraut. Wir befanden uns mitten in der Pandemie und ich fragte mich nicht selten, was diese Zustände wohl für Menschen mit Besonderheiten oder Einschränkungen bedeuteten. Ich erinnerte mich an ehemalige Jobcoaching-Klientinnen und -Klienten und fragte mich, wie es ihnen wohl jetzt am Arbeitsplatz erging. Ich spürte den in mir wohnenden Drang zu helfen und wusste, ich konnte es. Die Glühbirne über meinem Kopf leuchtete, als ich die richtigen Kabel zusammensteckte und erkannte: Das ist es!!!

Es gibt einen Weg, im Sozialbereich zu bleiben und raus aus der Taktung zu kommen. Ja, das war's natürlich: Jobcoaching! Dies war mein Schwerpunkt in der Ergotherapiepraxis gewesen. Ein Jobcoach unterstützt Menschen mit Behinderung direkt am Arbeitsplatz, rettet damit Arbeitsplätze oder schafft neue. Ich hatte das Jobcoaching immer geliebt, das Zusammenfügen von Bedarf und Ressourcen war meine Stärke, die ich aktuell sogar auf mein Leben anwandte. Was für Menschen mit Behinderung funktionierte, die die unterschiedlichsten Einschränkungen mitbrachten, konnte natürlich auch für mich funktionieren. Ich jubelte innerlich, das war mein Masterplan! Da die Menschen direkt am Arbeitsplatz waren, war es in der Regel nicht wichtig, ob ich 15 Minuten früher oder später kam oder mittwochs statt montags. Je länger ich darüber nachdachte, desto mehr Vorteile sah ich: Es gab einen festen Stundenlohn und eine sichere Zahlstelle, da das Angebot über öffentliche Stellen finanziert wurde. Das erleichterte mich, denn Preise festzusetzen war zu diesem Zeitpunkt noch eine große Herausforderung für mich. Da ich keine Klippenspringerin bin, begann ich einen Businessplan zu schreiben und merkte, dass es äußerst günstig für meine Planbarkeit war, Pakete von 30 bis 50 Stunden anzubieten, was im Jobcoaching üblich ist. Ich brauchte kein Equipment, musste keine Räume mieten, die im schlechtesten Fall leer stehen würden. Ich war mir sicher, dass es funktionieren konnte. Und musste. In der Anstellung hatte mich gestört, dass ich als Jobcoach nicht immer schalten und walten konnte, wie ich wollte. Es gab den wirtschaftlichen Aspekt der Praxis, was zum Beispiel eine Verlängerung der Beratung bedeutete, wo ich sie nicht für nötig ansah. Leider war diese zusätzliche Beratung für den Selbstwert der Klient/innen und meinen Arbeitsalltag häufig im negativen Sinne entscheidend.

Nachdem der „Rahmen" geklärt war, spürte ich, was ich bis heute liebe: Es vibrierte und kribbelte, oh ja! Ich lachte mehr mit meinen Kindern und bekam ein Strahlen, auf das ich immer wieder angesprochen wurde. Ich hatte einen Weg gefunden und freute mich darauf, ihn zu gehen.

Ich war meine eigene Chefin, ich konnte meinen Beitrag in dieser Pandemie leisten, in der so viele schimpften, wie belastet sie waren. Ich würde nie wieder Zeit irgendwo nutzlos verbringen und auch nie wieder entgegen meiner Werte arbeiten. Willkommen Freiheit!

Alle Internetforen waren sich einig, der erste Schritt war, einen Steuerberater zu finden. Gesagt, getan. Mit seiner Unterstützung meldete ich meine Freiberuflichkeit an und nachdem ich die ersten Schritte gegangen war, löste sich auch das hartnäckige Argument auf, wie viel Bürokratie und Buchhaltung eine Selbständigkeit braucht. Ein Haushaltsbuch zu führen, ist herausfordernder als eine Einnahmen-Überschuss-Rechnung zu erstellen.

Ich begann in meiner Region komplett ohne Kontakte. Meine vorherige Arbeitsstelle war 60 km entfernt gewesen. Während die Kinder schliefen, erstellte ich meine Webseite mit einem Baukastensystem und ließ Visitenkarten drucken. Nachdem ich drei Tage überlegt hatte, wie ich an Fälle kommen könnte, reichte es mir. Ich zog mich seriös an, fuhr zu einem Fachdienst, der Jobcoaches beauftragt und fragte, ob ich mit jemandem sprechen könne. Leider befanden sich wegen der Pandemie alle im Homeoffice. Ich dankte der Sekretärin und stand zwei Minuten später ziemlich verzweifelt wieder auf der Straße, dachte an meine Kinder, daran, was für ein Leben wir wollten, straffte die Schultern und ging erneut zu der etwas irritierten Sekretärin. Ich drückte ihr einen Stapel Visitenkarten in die Hand und sagte, dass sich die Kolleginnen bitte bei mir melden sollten, es sei wichtig. BÄM! Genau dieses Mindset lehre ich bis heute: Wenn du etwas kannst, was andere brauchen, trete nicht als Bittstellerin auf.

Vier Wochen später bekam ich meinen ersten Fall, den zweiten, den dritten – und innerhalb eines Jahres kam ich in die Situation, Fälle ablehnen zu können. Ich liebte das Coaching und die Selbstbestimmtheit, fühlte mich beim Finden von Lösungen wie der Dr. House der Arbeitswelt. Meine Kreativität schlug Purzelbäume und ich liebte besonders die herausfordernden, fast aussichtslosen

Fälle, mit denen ich nach sechs Monaten anstieß, weil der Arbeits-platz bestehen blieb.

In der Nacht sowie in jeder freien Minute am Tag, baute ich mir nebenbei mein Online-Business auf. Ich lernte die Sprache der Interessenten und Interessentinnen zu sprechen, Werbung zu er-stellen und zu schalten und ein Online-Programm zu entwickeln. Dass persönliches Wachstum und mein Business zusammenhingen, durfte ich einige Male intensiv erleben. Natürlich gab es zahlreiche Hürden, doch mit jeder, die ich nahm, stieg auch die Freude. Gleichermaßen genoss ich das Jobcoaching, in dem meine einzige Werbung ein paar nette Telefonaste und meine bis heute eher pri-mitive Webseite sind. Statt zehn Klienten am Tag, hatte ich maxi-mal zehn im Jahr und konnte so intensiv und ohne inhaltliche oder zeitliche Begrenzungen coachen. Ich hatte meinen Bereich gefun-den. Hatte Vereinbarkeit, Freude und Erfüllung und es brach mir lediglich das Herz, Anfragen ablehnen zu müssen.

Unser Lebensunterhalt war gesichert und mehr als das. Ich erlangte ungeplant einen Expertinnen-Status und wurde immer häufiger so weit entfernt angefragt, dass meine Anreise eine „Sondergenehmi-gung" erforderte. Da ich neben dem Aufbau meines Unternehmens auch alleinerziehende Mutter war, hatte ich natürlich immer was zu tun. Die Anfahrten zu meinen Terminen kamen mir vor wie geschenkte Zeit. Ich fuhr eine Stunde im Auto oder Zug, konnte Podcasts hören, lesen, telefonieren oder einfach mal nichts tun und verdiente damit 60€ die Stunde.

Ich wuchs immer mehr in das Freiberufler-Leben hinein, plante mir Puffer ein, ging einkaufen, wenn es sonst keiner tat, aß in Res-taurants, saß in Parks, wenn die Sonne schien. Auch meine Kinder profitieren von diesem Leben ohne Taktung, tatsächlich trug ich bewusst eine ganze Zeit lang keine Uhr. Ich konnte auf dem Weg zur Kita mit meiner Tochter so viele Stöckchen betrachten wie sie wollte und es meine Geduld zuließ. Gab es Probleme in der Kita, saß ich morgens eine Stunde lang im Gruppenraum meiner Tochter bis sich dort wohlfühlte und schrieb meiner Klientin schnell eine SMS, dass ich später kommen würde. Ich war Expertin geworden, wurde für das bezahlt, was ich immer versteckt hatte: Missstände aufdecken, mehr wollen, mich nicht zufrieden zu geben. Ich bot Lösungen und Veränderung an und ich wurde gehört. Ich hatte meinen Spielplatz gefunden. Konnte mein Wissen, meine Erfahrungen und Werte einfließen lassen und war damit erfolgreich. Nebenbei wurde auch mein Online-Business erfolgreich. Ich führte mein erstes Programm durch und muss zugeben, dass ich mir nachts den Wecker stellte, um die Videos aufzunehmen. Es war ein erfolgreiches, aber auch sehr anstrengendes Jahr. Doch ich war schon immer vorausschauend und kniff für diese Zeit die Pobacken zusammen, um in Zukunft von meinem Business zu profitieren und wieder mehr schlafen zu können. Es war ein Prozess, mir zu erlauben, in Zeiten von wenig Arbeit das Leben zu genießen. Ebenso war es ein Prozess, immer mehr Ich zu sein. Es gab keine Unterscheidung mehr zwischen meinem professionellen Ich und mir als Privatperson.

Ich gab mich natürlich nicht mit dem zufrieden, was war: Ich war doch die, die immer mehr wollte. Die, die es nicht mal gut sein lassen konnte. Ich fand immer mehr Antworten auf die Frage, warum ich Ungerechtigkeiten noch nie ertragen konnte. Vielleicht, weil genau hier mein Platz war, mich mit all meiner Leidenschaft für andere einzusetzen, nicht anzuklagen, sondern Lösungen zu finden. Meine Kinder erlebten eine erfüllte, ausgeglichene Mutter und das finanzielle Polster gab mir ein warmes Gefühl.

Dies alles hatte nichts mit Mut zu tun, sondern mit einer konkreten Entscheidung und meiner Bereitschaft, loszugehen. Ich hatte mir ein System gesucht, das es bereits gab, in dem ich wenig Werbung brauchte und das mir freie Zeiteinteilung ermöglichte. Meine Klient/innen waren stabil, sodass ich mir keine Sorgen machen musste bei Verschiebungen. Ich war die Impulsgeberin, die Anregungen umsetzen konnten sie auch ohne mich, was mich enorm entlastete.

Doch natürlich gab es nach wie vor auch Herausforderungen. Ich wusste nicht, wie ich die Ferien gestalten sollte und bei aller Liebe zu meinem Job galt natürlich: „selbst- und ständig". Arbeitete ich, verdienten wir Geld, machte ich Urlaub, verdienten wir kein Geld.

In einem anderen Leben wäre dies der Punkt gewesen, an dem die Geschichte hätte enden können. Nicht in meiner Welt, denn nach einem Jahr Selbständigkeit kam ich in dies Situation, dass ich eine neue Lösung suchen musste. Ein Glück, dass die Basis meiner Arbeit ein lösungsorientierter Ansatz war und ist.

Unterstützer, Freundinnen und ein ganz besondere Engel

Meine Kinder lassen sich weder gut, noch gerne „wegorganisieren". Manchmal denke ich, dass dies daran liegt, dass sie nur eine primäre Bezugsperson haben und es dann evolutionär Sinn macht, diese gut im Blick zu behalten. Ein anderes Mal denke ich, dass wir eben einfach gerne zusammen sind und ich eine echt coole Mutter bin. Als es mir körperlich mal sehr schlecht ging, wäre es eine enorme Entlastung gewesen, wenn die Kleine von jemand anderem die 1,5 Kilometer zur Kita und zurück hätte gebracht werden können. Es gab viele Angebote, die mich tief im Herzen berührt haben. Und es gab eine Vierjährige, die dies aus vollem Herzen und lautstark verweigerte. Da meine Kinder mir durchaus ähnlich sind, ist es schwer, sie von etwas abzubringen oder zu etwas zu bewegen, wenn sie es sich erst einmal anders in den Kopf gesetzt haben.

Mein Leben als Alleinerziehende erinnert mich manchmal an das Balancieren auf einem Zirkusball. Ich, der Zirkusbär, mit einem lachenden und auch einem weinenden Auge, je nachdem, was gerade dran ist. Während ich auf diesem riesigen Ball laufe und laufe, jongliere ich mit meinen Händen all die anderen Bälle: Jedes Kind ist ein eigener Ball, mein Business ist einer, Freundinnen sind Bälle und ich selbst natürlich auch, mein Körper, meine seelische Verfassung. Es kommt nicht in Frage, auch nur einen dieser Bälle fallen zu lassen und es ist auch keine Option, stehen zu bleiben, denn sonst kippen wir alle. Daher brachte ich meine Tochter, in einer Phase, in der sie sich Sorgen um mich (und wahrscheinlich auch unterbewusst um ihre eigene Sicherheit) machte, nicht gegen ihren Willen in die Kita.

Hier kommen Freunde und Freundinnen ins Spiel, die ein Stück mit mir laufen, mich an die Hand nehmen, einen Ball für einen

Moment halten, wenn ich wackle oder mir zeigen, dass sie mich sehen, mich darauf aufmerksam machen, wenn ich zu schnell werde. Es war und ist für mich unglaublich wichtig, nicht alleine in der Manege zu sein. Völlig bewusst, dass mein Umfeld das berufliche Ausprobieren, Scheitern, wieder aufstehen und Richtung ändern meist nicht nachvollziehen kann.

Leider durfte ich auch Freundinnen gehen lassen. Es gab eine Zeit, da saßen wir auf Spielplatzbänken, um über „die Männer" herzuziehen. Vergleichbar mit Omas im Wartezimmer der überfüllten Hausarztpraxis. Die mit der schlimmsten Diagnose bekommt am meisten Aufmerksamkeit. Nun bin ich aufgestanden von meinem Platz im Zuschauerraum meines Lebens und in die Manege getreten. Ich habe aufgezeigt, was geht und es gemacht: Mich getrennt, einfach so. Ohne finanzielles Polster, ohne Plan, aber mit dem Entschluss, glücklich zu sein.

Als erste Reaktion auf unsere Trennung wurde ich von anderen Müttern nach meinen Gründen gefragt. Ich berichtete, dass wir kein Liebespaar mehr seien, uns so gar nichts mehr zu sagen hätten und dass ich nach zwei Jahren und diversen Versuchen uns wieder einander anzunähern, keine andere Möglichkeit mehr sah. „Ach, das ist bei uns auch so", war eine häufige Antwort. „Okay, wenn das für dich passt, ist das doch super" meine Standardantwort. Leben und leben lassen war manchmal einseitig. Ich sah an den Gesichtern, wer gehen würde.

Auf meinem Weg als Coach und zur Mentorin durfte ich lernen, Menschen ihre Wahl zu lassen. „Es lässt sich nicht über richtig und falsch einer Entscheidung diskutieren, nur über mögliche Konsequenzen", wurde mein Leitsatz. Und so ließ ich Menschen ziehen, die der Meinung waren, ich müsse jetzt auch mit den Konsequenzen klarkommen.

Manchmal glaube ich, es wäre leichter gewesen, wenn es mir so richtig schlecht gegangen wäre. Damit können Menschen besser umgehen. Doch ich traf eine andere Wahl. Ich entschied mich gegen Armut, begrenzte Wohnverhältnisse und dagegen, eine überarbeitete, gestresste Alleinerziehende zu sein. Damit entschied ich mich auch gegen jegliche Unterstützung in Form von staatlicher Förderung. Den jonglierenden Zirkusbär gab es nicht als Ankreuzmöglichkeit in den Formularen. Seltsam.

Ein neues Netzwerk bot mir hingegen mein Start in die Online-Coachingwelt. Dieser Schritt war für mich die absolute Selbstermächtigung. Tatsächlich hatte ich vor dem Start des Coachings unzählige Male überlegt, einen Rabatt auszuhandeln als arme Alleinerziehende. Im Wissen: Keine Chance, in diesen Kreis ist es anders. In diesem Netz ist jeder Fisch gleich, nicht weniger und nicht mehr. Ich habe genauso die Möglichkeit, diese unglaubliche Summe zu zahlen, wie die Unternehmergattin, der bereits erfolgreiche Coach, die Studentin. In dieser Welt gab es Eigenverantwortung und keinen Raum für Gründe, warum etwas nicht gehen sollte. Es war, wie das Wartezimmer zu verlassen, aufzuhören, mich über die Ärztin, den harten Winter oder meine vererbte schlechte Verdauung zu beschweren und mein Glück, mein Leben selbst in die Hand zu nehmen. Ich war genauso mächtig wie alle anderen, hatte die gleichen Möglichkeiten. Hier in diesem Netz gab es kein Opfersein und keinen Alleinerziehenden-Bonus.

Durch den Kontakt zu Menschen, die bereits dort waren, wo ich hinwollte, verstand ich Dinge, die bis heute Bestand haben. So ist es für mich mittlerweile selbstverständlich, eine Reinigungskraft zu beschäftigen. Für mich ein Schritt heraus aus meiner Komfortzone. Hatte doch meine Mutter früher bei anderen geputzt und ich selbst, um mir meine Erzieherinnen-Ausbildung zu finanzieren. „Was glaube ich denn, wer ich bin?" Jemand, der eine Vision für diese Welt hat und begriffen hat, dass sie nicht alles alleine machen kann. Da ist kein Platz für Ego oder Scham gegenüber der Reinigungskraft, sondern es ist wirtschaftlich einfach dumm, selbst meinen Herd zu schrubben, statt die Welt zu verbessern.

Ich merkte auch, welche Art von Unterstützung meinen Ball zum Wanken brachte. Trotz Hilfe im Haushalt waren diese Jahre nicht die Zeit, wo ich einen Preis für die saubersten Fenster oder die leersten Wäschekörbe erhalten hätte. Manche Hilfsangebote griffen mich an und stellten mich bloß, Menschen konnten nicht sehen, dass ich andere Bälle in der Luft hielt, die ich dem Hausputz vorzog. Auch alle wiederkehrenden Vorschläge, in eine Anstellung zu gehen, wirkten wie Schmierseife in meiner Manege. Ich wollte und konnte meine Energie erhalten, für mich, meine Kinder, meine Kundinnen. Doch nicht für Bewertung und das Katastrophendenken anderer. An dieser Stelle begann ich Kontakte und damit verknüpfte Hilfe zu meiden.

Irgendwann nahm ich mir vor, nur noch Ratschläge von anderen alleinerziehenden Mehrfach-Eltern anzunehmen, die berufstätig waren. Eine solche Person gab es genau einmal in meinem Leben, aber ihre Unterstützung fühlt sich an wie von zehn Personen. Meine Ex-Schwiegermutter war sowohl alleinerziehend als auch in einem Helferberuf gewesen. Wir hatten die gleiche Vorstellung von Prioritäten im Leben und den Bedürfnissen der Kinder. So waren und sind wir uns einig, dass Oma-Besuch etwas Freiwilliges und Schönes sein soll. Dadurch, dass sie ihre wohlverdiente Freizeit als Rentnerin halbjährlich am Meer verbrachte, war ihre Unterstützung natürlich auch nicht immer präsent. War sie in der Stadt, unterstütze sie uns tatkräftig, mit Fahrdiensten und anderen tollen Dingen. Doch hauptsächlich war sie eins: Ein riesengroßes Vorbild, wie es laufen kann und dass es laufen kann. Sie war und ist wie ein Engel für uns, ein Engel, der immer Überraschungseier mitbringt.

Als Netzwerkprofi stellte ich mich sofort bei der Einschulung meines Sohnes den anderen Eltern vor und es entwickelten sich Freundschaften oder lockere Kontakte, die mir bis heute in Notfällen eine echte Hilfe sind. Zum Beispiel wartete ich wie üblich darauf, dass mein Sohn aus der Schule kam, um gemeinsam zur Kita zu radeln. Als es endlich klingelte, war es nicht mein Sechsjähriger, sondern sein Schulfreund. Dieser teilte mir außer Atem mit, mein Sohn sei mit dem Roller gestürzt, ich folgte ihm so schnell wie möglich. Mein Sohn lag auf dem Bordstein, umringt von einer Traube Erwachsener. Er stand sichtlich unter Schock und antwortete weder mir noch den anderen. Es war unklar, ob er sich ernsthaft verletzt hatte. Der Orga-Teil meines Gehirns sprang an und lief völlig rational auf Hochtouren, während ein anderer Teil von mir meinen Sohn über den Kopf strich und sagte, dass ich da sei und alles in Ordnung sei. Die Kita würde gleich schließen und ich würde meine Tochter nicht abholen können. Nicht verspätet, sondern gar nicht, denn die Strecke von 45 Minuten würde mein verletzter Sohn so schnell nicht zurücklegen können. Nachdem wir ihn mit vereinten Kräften vom Boden auf eine Parkbank gelegt hatten, er immer noch teilnahmslos, zückte ich das Handy, die andere Hand strich weiter über seinen Kopf. Ich schrieb drei Kita-Mütter an, in der Hoffnung, dass sie meine Tochter abholen könnten. Keine Antwort. Shit. Die wertenden Blicke, wenn Mütter Handys bedienen, während sie digital drei Leben managen, konnte ich zu diesem Zeitpunkt schon ausblenden. Da der Schulfreund meines Sohnes auch ziemlich verstört neben ihm saß, kam mir endlich der Gedanke, dessen Vater zu informieren. Ich rief seinen Vater, der ein lieber Freund war, an und schilderte den Unfall und dass ich nicht wisse, wie ich die Räubertochter hierhin bekomme.

Dann passierte das, was ich an meinem Umfeld am meisten schätze: Er dachte für mich (mir) und ich konnte mich endlich auf meinen Sohn konzentrieren. Er würde fahren! Ob meine Tochter einen Fahrradhelm habe? Ich sollte kurz anrufen und die Kita informieren. Wie ihre Gruppe heiße? Endlich konnte sich der rationale Teil abschalten, ein Kind war versorgt. Ich konnte mich voll auf das andere Kind einlassen, das mich gerade so brauchte.

Netzwerk heißt für mich: Es ist jemand da! Danke an euch alle von ganzem Herzen.

Wo Stolz und Scham dicht beieinander liegen

Mein 7-jähriger Sohn fordert mich nun schon seit einigen Tagen direkt nach dem Aufstehen auf: „Schwör, dass du nicht der Weihnachtsmann, Osterhase und die Zahnfee bist. Schwör es, Mama!" Ich leistete natürlich keinen Meineid, sondern lenkte gekonnt ab, wobei das Schwierigste war, meine Freude zu verbergen. Mister Coolio höchstpersönlich zweifelte immer noch. Ich war wirklich gut. Und das war nicht einfach. Der herausfordernde Teil war meistens, sich abends wieder aus dem Bett zu quälen. Aber es gab auch andere Herausforderungen. So wurde eine Handykamera aufgestellt, um den Nikolaus zu erwischen, vom Weihnachtsmann wurden sich Schreibtische gewünscht und es wurde tatsächlich versucht, die Zahnfee hinters Licht zu führen, indem der gleiche Zahn zweimal angeboten wurde. Die Zahnfee bewies Humor, als sie einen stinkigen Käse in einer Tupperdose unter das Kissen legte. Sie konnte ja nicht ahnen, was alles in dieser Dose vermutet wurde und wie tränenreich die Käse Erkenntnis war. Aber man bescheißt ja auch die Zahnfee nicht. Ohne zu viel zu spoilern, weiß ich, dass der Weihnachtsmann einige Ebay-Kleinanzeigen Verkäufer bestochen hat, die ihm Möbel auf den Speicher getragen haben und dass er an Heiligabend in der Sägeabteilung im Baumarkt gerettet wurde, weil er sich vermessen hatte beim Umgestalten eines Hochbetts zur Lego-Ecke.

Glücklicherweise bleibt noch ein kleiner Job für mich. Die Kindergeburtstage. Ich liebe, liebe, liebe Kindergeburtstage. Im nächsten Leben werde ich Kindergeburtstage beruflich organisieren. Tatsächlich habe ich mal für zwei Minuten darüber nachgedacht und es glücklicherweise verworfen. Denn es war auch immer eine Erleichterung, wenn der Geburtstag vorbei war, ich übertreibe es einfach maßlos. Schon während unserer Beziehung hatten mein

Ex und ich unterschiedliche Vorstellung von Kindergeburtstagen. Wobei, so genau weiß ich das gar nicht, denn es war immer meine Aufgabe. Als ich, kurz vorm Nervenzusammenbruch, ihn im Ausland anrief, weil die Dino Fußspuren-Schnitzeljagd, die zu den gefrorenen Reptilieneiern zum Aufklopfen führen sollte, nicht funktionierte, sagte er bloß: „Dann lass es doch einfach..."

Ähhhmmm, bitte was? Das kam natürlich nicht in Frage! Ich verstand, dass ihm nicht bewusst war, an wieviel Abenden ich Probeeier vorgefroren und freigeklopft hatte und die riesigen Dino-Fußspuren-Schablonen hatten sich auch nicht von selbst gebastelt. Am anstrengendsten war das Geheimhalten, das Aufspringen beim leisesten Verdacht, dass sich eines der Kinder im Gefrierfach ein Eis holen wollte und ihm zuvorzukommen, damit die Dinoeier unentdeckt blieben.

Nun könnte man annehmen, dass mit der Trennung die Geburtstage anders ausfielen. Oh, nein, die erste Party im neuen Leben war eine Peppa-Wutz-Party im Garten, inklusive Schlammloch, Schweinetorte und Kinderlachen, bis die neuen Nachbarn sich beschwerten. Bei all den Debatten, was Alleinerziehende brauchen, tun und lassen sollen, vergessen wir diese Dinge oft. Wir vergessen die Magie hinter dem eigenen Geburtstag, die Aufregung, die Freunde einzuladen und das Gefühl, dass dieser Tag wirklich dem Kind gehört. Es ist tatsächlich eine Ehrensache für mich, dies fortzuführen und wenn ich für dieses Buch den Literatur-Nobelpreises erhalte, worauf ich natürlich spekuliere, werde ich den Kindergeburtstag der Verleihung natürlich vorziehen. Ich bin nicht (mehr) Kategorie: Oh Gott so ein Stress, ich muss noch das Haus putzen, oder irgendetwas anderes Perfektes tun, was kein Erwachsener bemerkt. Kinderaugen hingegen glänzen und leuchten und Kinder erwähnen kleine Details noch Jahre lang. Kindern Freude zu bereiten macht Freude. Auch über Kindergeburtstage hinaus.

Es gibt immer den gleichen Kuchen, aber in anderer Form: Mal wird mein von Kindern geliebter Zucchinikuchen zur Dinolandschaft, mal zum Pferdestall, je nachdem, was gewünscht ist und ich weiß, dass Essen absolut überbewertet wird, doch die Form entscheidend ist. Nuggets in Dinoform oder ausfahrbare Zangen, um sich aus dem Pommesvulkan mit Ketchup-Lava das Abendessen zu erstreiten, sind die Partyhighlights. Vielleicht sollte ich dies als Job doch nochmal überlegen...

Fürs Verständnis: Kindergeburtstag wird einige Tage nach dem eigentlichen Ehrentag mit Kinderfreunden gefeiert. Der Tag selbst wird mit Familie und Paten zelebriert. Irgendwann kam der Tag, als ein Geburtstag, in dem Fall der sechste meines Sohnes, auf ein Papa Wochenende fiel. Also sagte ich an, um 6.30 Uhr da zu sein. Ich bin unglaublich dankbar, dass an der Stelle kein Widerstand kam, denn es hätte mein Herz gebrochen, an diesem Tag meines Großen nicht präsent zu sein. Sein Vater äußerte sich irritiert angesichts der Uhrzeit, doch meine Erfahrungswerte sagten mir, wie früh Kinder am Geburtstag aufwachen. Auf meine vorsichtige Nachfrage, welchen Kuchen er habe, antwortete er in seinem männlichen Pragmatismus, dass es doch mittags bereits Kuchen gebe. Dafür hatte ich schnell eine Lösung, ich war ja nicht umsonst die Geburtstagsexpertin. So saß ich um 6.30 Uhr in unserer ehemals gemeinsamen Wohnung an einem geschmückten Tisch, der Geburtstagszug leuchtete und die Minion-Torte glänzte. Das Fahrrad, das unser Sohn von mir bekam, hatte mein Ex sogar abgeholt und es stand bereit. An diesem Punkt können wir echt stolz auf uns sein, wie wir dies als Eltern gemeinsam lösten.

Doch leider gibt es auch einen Gar-nicht-stolz-Teil.

Unseren ersten Heiligabend nach der Trennung verbrachten die Kinder bei mir und wir hatten ihren Papa eingeladen, mit uns zu essen. Ich dachte, dies sei im Sinne der Kinder. Keine gute Idee, denn wir waren alle angespannt und mein Expartner war wie ein Fremdkörper in meinen so heiligen Räumen. Ich weiß gar nicht, ob es offen ausgesprochene Spitzen waren oder einfach das vorherrschende Gefühl der Abwertung, irgendwann schaffte ich es nicht mehr, meinen Groll mit dem Raclettekäse runterwürgen und fuhr ihn an. Er giftete zurück. „Nicht streiten", sagte unser streitererprobter Sohn sofort. Ich schluckte, was taten wir diesen kleinen Seelen an, was hatten wir ihnen angetan. Dieser kindliche Wunsch, sich nicht entscheiden zu müssen und sich nichts sehnlicher zu wünschen, als dass die Menschen, die seine Identität ausmachen, sich mögen. Meine naive Wunschvorstellung, die Trennungsrealität mit glitzerndem Puderzucker zu bestreuen, hatte dies alles ausgelöst. Ich schluckte. Ich fühlte mich wie die schlimmste Mutter der Welt und erkannte, dass wir nicht in der Lage waren, zusammen so etwas zu bestreiten.

Gerne würde ich sagen, dass es seitdem wunderbar lief und wir einen Weg gefunden haben. Leider nicht. Immer noch hielt ich fest an der Idee, dass wir für die Kinder an bestimmten Tagen lockerflockig zusammen sein könnten. Vielleicht auch, weil ich die war, die versuchte zu trösten, wo es keinen Trost gab und viele Tränen des Vermissens trocknete. Geburtstage waren Bestimmertage und so durften die Kinder am Tag selbst über Essen und Aktivität entscheiden und natürlich wünschten sie ihren Papa dazu. Diese Tage richteten wieder die Lupe auf das, was schon damals zu Konflikten geführt hatte, ich plante, machte, tat, für ihn absolut übertrieben und albern. Ich fühlte mich kritisiert und beurteilt. Alle unsere alten Themen lagen neben den Geschenken und Luftschlangen. Am Kindergeburtstag meines Sohnes schrie er mich an, ich sei der schlimmste Drache von allen. Was stimmte nicht mit uns, verdammt nochmal. Am Geburtstag meiner Tochter die gleiche Leier. Er nannte mich eine blöde Nuss, ich schrie ich ihn an, dass er meine Wohnung sofort verlassen solle, wenn er hier so mit mir spreche. Das Zusammenzucken und der anschließende Blick meiner Tochter – unverzeihbar, eine weitere Kerbe in der verletzten Kinderseele. Wir sprachen miteinander, meine Kinder und ich. Entschuldigen wäre das falsche Wort, sie sollten nicht noch meine Schuld annehmen müssen. Ich erklärte, dass Erwachsene auch noch viele Dinge lernen und ich mir weiter Mühe geben würde, es besser zu machen. Dass es mir Leid tue und es eine Sache gebe, bei der wir

Eltern uns einig seien: Die Liebe zu ihnen. Im Nachhinein glaube ich, dass ich für meine Kinder eine Tür öffnete, auch Fehler offen zu reflektieren. Ich versuchte vorzuleben, dass sie auch nicht immer wissen können und müssen, wie es läuft. Dass Erwachsene fehlbar sind und manchmal echt dumme Dinge tun. Auf Elternebene hatten wir nun ein Jahr Zeit, um neue Wege zu finden. Ein Jahr später, die Kinder wollten beide Elternteile, unverhandelbar. Also teilte ich auf. So fuhr ich morgens mit meinem Sohn und Freunden ins Legoland und am Nachmittag bereitete der Vater Kaffee und Kuchen bei sich. Motivkuchen hatten wir im Zug verspeist, das Geburtstagskind besungen und gefeiert, die Kinder hatten viel erlebt. Ich verbrachte den zweiten Teil überwiegend in einem anderen Raum. Kein Streit und die Erkenntnis, dass Kinder auch sehr gut abwägen können, welche Qualitäten Elternteile mitbringen und dass sie uns genau damit annehmen.

Ein weiteres Beispiel: Im Winter veranstalteten wir einen Adventsmarkt, als Dank für alle Unterstützer und Helferinnen. Den Kindern war es sehr wichtig, ihren Papa einzuladen. Mir wieder mal wichtig, sie mit ihrem Anliegen ernst zu nehmen. Ich gab offen zu, dass ich wieder Angst vor Streit hatte. Allerdings würde er seine Mutter mitbringen, somit bestand ein Puffer zwischen uns und ich war einverstanden. Schon sein Tonfall, die ständigen subtilen Spitzen bei der Einladung ließen mich intensiv die Bauchatmung üben. Doch wir schafften es, hielten uns in verschiedenen Räumen auf und die Kinder servierten ihrem Papa voller Stolz unsere Christmas-Hotdogs und Weihnachtsburger.

2,5 Jahre nach der Trennung sind wir von einer perfekten Regelung noch weit entfernt. Ich schwanke irgendwo zwischen dem Setzen meiner Grenzen und dem Loslassen der Idee des aktuell unrealistischen Patchwork-Gedankens. Doch ich durfte lernen, mich fehlbar und verletzlich vor meinen Kindern und mir selbst zu zeigen.

9. SILVESTER

Ein einsames Fazit

Mein erstes Jahr als Alleinerziehende neigte sich dem Ende zu und wie bei so vielen Menschen, führte dies zu einem Jahresresümee. Ebenso stellte sich das erste mal die „Aufteilungsfrage". Weihnachten gegen Silvester erschien mir fair, da ich davon ausging, dass meine Kinder sowieso nicht wach bleiben würden.

Ich besuchte die Kinder in unserer alten Wohnung, was immer noch ganz schön befremdlich war. Gegen 22.00 Uhr machte ich mich auf den Weg nach Hause. In den letzten Tagen hatten ein paar Freundinnen nebenbei nachgefragt, was ich den mache. Meine Antwort: „Nichts, ich bin zuhause". „Alleine?" Das Entsetzen in dieser Nachfrage aktivierte alle Alarmglocken in mir im Sinn von: „Oh Gott, du hast keinen Stamm. Mit dir stimmt etwas nicht. Du bist allein und damit nicht sicher."

„Ja, doch ganz bewusst." hörte ich mich sagen. „Ehrlich, alleine zu sein, nichts kochen und aufräumen zu müssen, fühlt sich entspannt an." Überhaupt nicht entspannt fühlten sich die spontanen Einladungen an. „Dann komm doch zu uns, zu der Party von xy, mit uns nach Holland und schlaf auf der Couch", erwiderten diverse Gegenüber, von denen mir keiner auch nur eine Silbe von „Ich bin ganz bewusst allein" abnahm.

Doch so war es wirklich, zumindest fast. Ehrlich gesagt, ging es mir in diesem Jahr so, dass das Leben etwas zu schnell für mich war. Ich reagierte auf so unglaublich viele äußere Dinge und plötzlich war das Jahr vorüber. Außerdem fand ich es irgendwie falsch, ohne meine Kinder zu feiern und vermisste sie sehr. Denn WIR waren doch diesen Weg gegangen, ohne sie zu feiern fühlte sich unvollständig an. Ich setzte mich auf das Polster in der Ecke, in der irgendwann ein Sofa stehen sollte und bemerkte, dass es gar keine Möglichkeit zum Entspannen, einfach nur Wohlfühlen in meiner Wohnung gab. Ja, warum denn auch, ich tat es ja nie. Alles hier war praktisch, funktional und die meisten Schubladen und Schrankfächer waren kurz vorm Überquellen. Eng beladen mit der Absicht, mich irgendwann einmal darum zu kümmern. Ich überlegte sogar kurz, zu arbeiten, wahrscheinlich nur, weil ich das Nichtstun verlernt hatte oder nicht ertragen wollte. Oder beides.

Grundsätzlich bin ich ein Mensch mit einer hohen Umsetzungsenergie, um mich danach zu entspannen, in Ruhe und Rückzug zu gehen: Der zweite Teil war in diesem Jahr ausgeblieben. Ich hatte es geschafft, wir hatten es geschafft, doch ich konnte mich nicht richtig freuen, fühlte mich leer. Ich vermisste irgendwann meine Kinder so sehr, dass ich weinte. In 30 Minuten würde das alte Jahr ausklingen und ich saß alleine weinend am Küchentisch, hatte noch nicht einmal daran gedacht, mir ein Essen zu besorgen oder vorzubereiten. Ich spürte jetzt, wovor ich als Alleinerziehende so erfolgreich weggelaufen war: Einsamkeit pur. Oh Gott, wenn die Kinder größer und unabhängig werden, bin ich eine einsame Katzenfrau. Dabei mag ich doch gar keine Katzen.

Um 00.00 Uhr stand ich am Fenster und freute mich über den wahnsinnig tollen Ausblick aus unserer Wohnung, genoss das Feuerwerk. Ich lächelte, als ich das Brötchenmesser in meiner Regenrinne entdeckte. Eine Erinnerung an unser Wohnzimmer-Picknick am Umzugstag, inmitten von Kisten. Inmitten all der Helferinnen und Helfer, der alten und neue Freunde. Dieser Tag war voller Lachen, Freude und positiver Energie gewesen.

Freundinnen und Freunde waren schon immer wichtig in meinem Leben und ich schloss leicht Freundschaften. So wie manche Frauen immer einen Partner haben, hatte ich stets zahlreiche, wirklich wunderbare Freundschaften, voller Spaß, Tiefgang und Vertrauen. Freundschaften aus meiner alten Heimat, teilweise seit der Kindergartenzeit, bestanden fort, ich fand tiefe Verbindungen, im Alltag, auf Fortbildungen, manchmal im Supermarkt, ohne dass ich danach suchte. In meinem alten Leben hatte ich regelmäßig Feste für all diese Menschen gegeben, viele Silvester hatten bei uns stattgefunden.

Nachdem der Höhepunkt des Feuerwerks vorbei war, nahm ich mein Handy zur Hand. Ich muss zugeben, meine Freunde und Freundinnen halten vieles aus, unter anderem, dass ich sehr impulsgesteuert den Kontakt halte, immer mal wieder Geburtstage vergesse und auf Silvester- und andere Feiertagsnachrichten selten antwortete. Doch jetzt war das anders, ich würde mir Zeit dafür nehmen. Jedes schräge Bild mit Kleeblättern und Rutschpartien, jedes Video, in dem jemand mir einen Gruß von einer Party zugrölte, jedes knappe, aber aufmerksame, „Frohes Neues" würde eine persönliche, liebevolle Antwort erhalten.

Keine Nachrichten auf meinem Handy. Keine WhatsApp-Nachrichten, keine SMS, kein verpasster Anruf. Kein einziger Mensch hatte in diesem Jahr an mich gedacht. KEINER. Ich starrte auf mein Handy. Ich war bereits die Katzenfrau, nur ohne Katzen. Ich weinte bitterlich.

War ich doch selbst schuld, sah ich es als normal, sogar als selbstverständlich an, dass alle an mich dachten. Nun hatten sie alle die Schnauze voll, ich hatte keine Freundinnen und Freunde mehr. Ich war alleine auf dieser Welt. Ich schluchzte weiter. Vielleicht war ich so trübselig geworden, dass keiner mehr etwas mit mir zu tun haben wollte? Zum Glück hatte ich noch die Kinder, ich konnte es kaum erwarten, sie morgen abzuholen. Ich legte mich niedergeschlagen ins Bett und schlief irgendwann ein. Gegen zwei Uhr wachte ich auf und schaute auf mein Handy. Kurz überprüfen, ob es schon Zeit war aufzustehen und mein einsames, verzweifeltes Leben weiterzuleben.

Ich staunte nicht schlecht. Was war geschehen? All die ersehnten Nachrichten, Anruferinnerungen, SMS waren da, mein Handy war voller Neujahrsgrüße. Vermutlich war das Netz überlastet gewesen. Yuhuuuu, ich hatte Freundinnen und Freunde und brauchte keine Katzen. Ich dankte dem Universum für diese Lektion: Sie hatte mir aufgezeigt, dass ich die letzten Monate, das letzte Jahr, in einem Nebel gelebt hatte. Wo ich nichts gesehen hatte und andere mich nicht hatten sehen können. Ich war überwiegend im Überlebensmodus gewesen. Den Fokus darauf, uns eine finanzielle Basis aufzubauen und auf den Kindern, die viel Begleitung gebraucht hatten.

Ich beschloss an diesem 1. Tag im neuen Jahr: Wenn das, was ich vorhabe, weitergehen soll, muss sich etwas verändern. So ein Leben ist ein Marathonlauf und kein Sprint. Dies war keine Übergangslösung mehr, sondern auch mein Leben. Ja, die Kinder brauchten mich. Doch ich brauchte mich auch und Freundinnen und Freunde brauchten mich womöglich auch, ohne dass ich es wahrgenommen hatte. Vor allem durfte ich als Erwachsene nicht meine Kinder als „Auffangbecken" für meine Bedürfnisse nehmen. Sie sollten sich nie um ihre Mutter sorgen müssen. „Wir können schwere Dinge tun" oder wie wir es nennen: „Eyles schaffen alles" durfte wieder groß werden.

Doch meine Taten hatten bisher gesprochen: „Ihr armen kleinen Opfer in diesem Krieg. Ich beschütze und behüte euch und werde euch und eure Belange an oberste Stelle setzen." Dies war bestimmt auch für die erste Zeit nach der Trennung und in diesem Alter sehr förderlich. Doch nun durfte der Fokus sich erweitern. Sie sollten erfahren, dass ich ihnen Dinge zutraue, vielleicht auch mal, dass Mama zum Sportkurs geht ohne sie oder ich sie mal 30 Minuten später abhole, um selbst einen Kaffee zu trinken. Ich wünschte mir einen Marathon, den ich genieße, in einem Tempo, das mich die Etappen mit Freude durchlaufen lässt. Ich würde ein Sofa kaufen und ein paar unnütze, aber schöne Dinge. Wohlfühlen ist kein Luxus, zumindest sollte es dies für mich nicht mehr sein.

Ich nahm mir den ganzen Vormittag Zeit, ging spazieren und rief viele Freude an. Die, die sich gemeldet hatten und die, die es nicht getan hatten. Scherzte, lachte, hörte zu und erzählte. Ich trat aus dem Nebel ins Leben, lüftete den Schleier der Schuld und des Versagens. Nahm meine Kinder mit. Ich wollte sie zu einem Teil meines Lebens machen, mit Abstand dem Wichtigsten. Doch es durften andere Teile wieder erwachen. In wenigen Tagen ist erneut Silvester. Die Kinder sind bei ihrem Papa. Ohne spoilern zu wollen, ich bin fast alleine und freue mich tatsächlich auf die Ruhe. Bin noch unentschlossen, ob ich Jakobsmuscheln oder einfach eine Tiefkühlpizza einkaufe, doch ich bin entschlossen, allen Nachrichten zu antworten.

Das war der Anfang einer Reihe von Entscheidungen, bei denen ich das, was ich wollte, ernster nahm, als das, was mich störte.

Der Trick ist: Weder denken, noch rechnen

Für mich als Alleinerziehende gibt es zwei Arten von Herausforderungen:
1. Die bewussten „Das kann nicht funktionieren"-Challenges
2. Die spontanen „Scheiße, wie soll das funktionieren?"-Dinge wie Krankheit, Unfall oder ähnliches.

Zehn Wochen Ferien im Jahr zählen zu Ersterem. Ferien heißt für die Kids durchatmen, für mich Disziplin pur. Was am Tag liegen bleibt, wird eben in der Nacht oder morgens um fünf gemacht. Einen festen Zeitplan mache ich in den Ferien bewusst nicht, denn er würde nicht funktionieren. Während ich dieses Kapitel schreibe, sind Ferien und ich beschäftige parallel mindestens ein Kind aktiv. Es ist okay, denn ich und meine Kinder wollen und brauchen diese Auszeiten. Nach der ersten Woche, in der ich mich freue, dass ich ihnen dies ermöglichen kann, folgen meist mehrere Wochen, in denen mir bewusst wird, was ich danach brauche.

Wer mich kennt, weiß dass ich auf ein „UNMÖGLICH" etwas zu energisch mein Kinn nach oben strecke und in meine „Jetzt erst recht, ich zeige euch, was geht"-Haltung einnehme. Ich hinterfragte nicht, sondern mache einfach. Verpflegung, Haushalt, Arbeit, mein Business weiter ausbauen, so dass ich in den nächsten Ferien noch mehr den Alltag hinter mir lassen kann. Am Tag, in der Nacht, mit Kindern im Hintergrund, auf dem Spielplatz, in jedem sich öffnenden Zeitfenster.

Glücklicherweise habe ich durch meine Selbständigkeit die finanziellen und zeitlichen Möglichkeit, in den Ferien zu reisen. Dies sehe ich mittlerweile als Notwendigkeit, quasi meine selbst erarbeitete Kur. Sind die Chancen, diese innerhalb eines Jahres bewilligt zu bekommen, doch geringer als ein Lottogewinn. Ich nehme meine Arbeit und alle kleinen und großen Themen mit und verlagere sie in die Sonne oder an andere kraftgebende Orte. Ich bin mir immer bewusst, dass von meiner mentalen und körperlichen Stabilität alles abhängt, ja an manchen Tagen spürte ich diese Verantwortung, als würde ich sie tatsächlich auf meinen Schultern tragen, in Form von mehreren Zementsäcken. So ist mein täglicher Sport am Morgen auch nicht verhandelbar. Gleichzeitig gebe ich mir und uns die Erlaubnis und die Einladung, dass unser Leben aus so viel mehr als Funktionieren bestehen darf.

Kommen wir zur zweiten Art der Herausforderungen, der spontanen „Wie-soll-das-funktionieren-Scheiße". Auch da präsentiere ich mich voller Stolz als erprobte Spezialistin. Morgens eine Stunde auf den Treppen vor der Schule sitzen und Tränen trocknen, weil das Kind nicht reingehen möchte, zum Beispiel. Wenn die Lehrerin fragt, ob ich Zeit hätte, um meinen Sohn zu begleiten und ich mir mit einer SMS diese Zeit nehme und ihm Halt gebe, bis er über diese, für ihn schwierige Schwelle tritt. Das sind die Momente, in denen ich spüre, dass sich all der Fleiß, all der Mut, hin zu diesem damals unbekannten Weg gelohnt hat. Dasein zu hundert Prozent, denn diese Momente sind für ihn so viel entscheidender, als alles, was ich an diesem Tag anderen Kindern als Erzieherin oder Klientinnen und Klienten in der Ergopraxis geben könnte.

Herausfordernder sind dagegen Krankheiten der Kinder, doch mit Herausforderungen kommen wir grundsätzlich zurecht, die fallen unter die Kategorie: „Kriegen wir schon hin". Die eigene Krankheit hingegen ist wie der Endgegner im Videospiel meines Sohnes, bei dem ich das ganze verdammte Spiel in Frage stelle und verfluche. Noch gestern Nacht ging es mir so unglaublich dreckig, so schnell wie es mich erwischte, so sehr beutelte es mich. „Ruh dich aus, sammle Kräfte..." Schon alleine bei den Gedanken an diese gutgemeinten Ratschläge kommen mir die Tränen. Und an manchen Tagen würde ich mir gerne selbst einen Oskar verleihen. Bin mir sogar sicher, ich würde einen bekommen, aber das ständige Problem von Alleinerziehenden: Es gibt kein Publikum. Nicht zu vergessen, die riesengroße Konkurrenz anderer Alleinerziehender.

So gibt es Nächte, da beziehe ich Betten neu, wasche heulenden Geschwistern das Erbrochene des anderen aus den Haaren, tröste, lächle, koche Tee und baue mir vorrausschauend, da mein flaues Gefühl immer stärker wird, eine Eimer-Kipp-Konstruktion, die mich kotzen lässt, während das Kind auf mir weiterschläft. Zwischen dem zweiten und dritten Schwall aus meinem Magen grinse ich tatsächlich angesichts meiner Genialität. Denn für ein gewecktes krankes Kind, das ich intensiv wieder in den Schlaf begleiten muss, fehlt mir die Kraft. Wie lange ich das Pinkeln in solchen Situationen einhalten kann, ist ebenfalls erwähnenswert in der Kategorie: Superkräfte einer Mutter, um niemanden zu wecken. Vielleicht als Nebenrolle oder Sonderpreis, da bin ich offen. Erst am nächsten Morgen merke ich, dass meine Kotzvorrichtung und das zur Seite Drehen wohl meinen Rücken etwas verrenkt hat. Ich bin sicher, ich werde noch ausreichend Gelegenheiten bekommen, den Prototyp zu erweitern.

Mittlerweile kommuniziere ich sehr intensiv mit meinem Körper. Wo ich ihn früher oft verflucht habe, versuche ich mittlerweile ganz nett, schnurrend wie ein Kätzchen, noch ein paar Stunden auszuhandeln. Als mich der weltbekannte Virus erwischte, spürte ich die Müdigkeit, das starke Fieber, Kopfschmerzen und ich schwitzte wie ein säuerlicher Wasserfall. Wohlweislich, dass es richtig übel werden würde, bat ich meinen Körper um Aufschub, packte meine Kinder und setzte mich aufs Fahrrad. Zumindest lief es fast so ab. Mein Tatendrang wurde dadurch gebremst, dass die Jacke meiner Tochter plötzlich die falsche Farbe hatte. Während der Schüttelfrost einsetzte, nahm ich mir sehr lange Zeit, um die Vorstellung der passenden Jacke einer Vierjährigen zu erfüllen, wohlwissend, dass sonst der ganze Plan scheitern würde. Von dem Wissen, dass die Willensstärke eines Kindes NIEMALS unterschätzt werden darf, hängt unser Überleben ab. Hätten wir einen Hausbrand und nur eine Minute um das brennende Haus hinter uns zu lassen: Ich würde, wenn nötig, erst die Socken-Naht richten, da mein Sohn sonst theatralisch winkend in den Flammen zurückbleiben würde. Auf dem Fahrrad stieg das Fieber immer weiter und mein Sichtfeld verschwamm, natürlich regnete es und ich hatte Gegenwind, sonst wäre es nicht oskarreif. Ich wusste, dass mein Expartner im Lande war und sein Arbeitstag schon vorbei sein musste. Ich informierte ihn am Telefon, lud die Kinder und den Sack Verantwortung vor seiner Türe ab und verschwand für zwei Tage im Bett. Dies war großes Glück. Mindestens die Hälfte des Jahres sind Papa und Oma nicht in der Stadt, abgesehen davon, dass wir Oma bei ansteckenden Krankheiten natürlich nicht involvieren. Papas Skepsis hingegen ignorierte ich gekonnt. Tatsächlich gibt es einen Notfallplan, wenn es mich mal wirklich ausknocken sollte. Ich gehe ihn auch immer wieder mal mit den Kindern durch. Ob sie wirklich zur besagten Nachbarin laufen, wenn Mama nicht mehr funktioniert, bezweifle ich. Im besten Fall gucken sie einfach zwei Tage Fernsehen und essen, was sie in der Couchritze finden. Solange sie nicht aus der Toilette trinken, passt das.

Ein weiteres Phänomen, von dem ich weiß, dass dies auch andere Alleinerziehende kennen: Freunde und Freundinnen besuchen und dort krank werden. Vielleicht ist es das Gefühl, sicher zu sein oder wohlig angenommen zu werden. Mir ging es jedenfalls so: Ich wurde zum Kaffeetrinken geladen und wurde sehr schnell sehr krank. Verbrachte die Nacht fiebernd auf der Couch meiner Freundin, nicht mehr in der Lage, aufzustehen. Gleiches beim Urlaub in Jugendherbergen. Beim ersten Mal war ich alleine mit den Kids da. Eine Nachtwanderung und Buden bauen im Wald mit krampfenden Magen-Darm-Bauch (natürlich mit Abstand) war besser als zuhause, denn es gab Programm für die Kinder und es war für Verpflegung gesorgt. Beim zweiten Mal war ich mit meiner Mutter dort. Kaum angekommen, schrie mein Unterbewusstsein: Hier ist ein weiterer Erwachsener, erhol dich. Sofort! Alle angestauten Infekte und Erkrankungen: JETZT! Gebt GAS, so eine Chance kommt so schnell nicht wieder. Ich habe das Zimmer an diesem Wochenende nur für eine Mahlzeit verlassen. Quasi meine Detoxkur, aus der ich tatsächlich erholt nach Hause kam.

Wenn wir verreisen, fragen Menschen manchmal so Dinge wie: „Du fliegst alleine? Was machst du denn, wenn eines der Kinder krank wird, oder du selbst?" Ich versteh die Frage nicht und antworte meist: „Na, das gleiche wie zuhause." „Ja, aber wenn jetzt jemand Ohrenschmerzen hat, dann stehst du vielleicht da in der Nacht." „Jaaa – zuhause auch." Ohrenschmerzen, ein Klacks. Ich erzähle nicht von meiner Kotz-Kipp-Vorrichtung.

Bei all den großen und kleinen Herausforderungen fahre ich gut mit einer Mischung aus zu hundert Prozent vorbereitet zu sein und hundert Prozent Flexibilität. Ja, wir können zweihundert Prozent. Wenn ich verreise, habe ich immer eine Packung Miracoli im Koffer und unzählige Snacks im Handgepäck. Hungrige Kinder sind keine guten Kinder und ich werde auch zum Gremlin. Und dann mache ich mir keine Sorgen, was vielleicht, eventuell alles schief gehen könnte. Ich entscheide, finde Lösungen und vertraue darauf, dass das Leben es gut mit uns meint. Warum sollte es nicht die schönste Reise aller Zeiten werden? Tatsächlich geht dieser Plan sehr oft auf. Ob ich immer richtig entscheide? Auf gar keinen Fall. Aber ich erfahre schon auf irgendeine Weise, wenn es falsch war, oder eben auch nicht: Umso besser.

Eine Anekdote, die mich den Umfang dieses Kapitel sprengen lässt, doch sie ist bezeichnend für unser Leben und unseren Umgang mit ihm. Nach unserem ersten gemeinsamen Urlaub bekam ich auf dem Weg zum Rückflug eine E-Mail, dass unser Flug Verspätung hatte, und zwar sieben Stunden. Shit. Ich versuchte vom Bahnhof aus sehr lange vergeblich herauszufinden, ob wir zum Flughafen mussten. Trotz der Snacks kippte die Stimmung langsam, waren wir doch sehr früh aufgestanden, hatten bereits die Packerei hinter uns und die Vorstellung, auf dem kleinen Flughafen bis zum Abend zu warten, erschien mir nicht besonders verlockend. Ich entschied mich, nicht zum Flughafen zu fahren. Unseren Koffer gaben wir für recht viel Geld in einem zwielichtigen Café ab, auch darüber, ob wir ihn jemals wiedersehen würden, dachte ich nur eine Minute lang nach.

Was soll ich sagen, wir hatten einen wunderschönen Tag, fuhren Boot, aßen Tapas und Touri-Eis und bummelten durch die Straßen. Als wir am späten Nachmittag am Flughafen ankamen, konnte uns keiner der Spanier so richtig sagen, ob überhaupt und falls ja, wann wir einchecken sollten. Naja, dann warteten wir eben. Im 30-Minuten-Takt ging ich zum Infoschalter und der nette Mann zuckte jedes Mal die Schultern. Nach eineinhalb Stunden irritierte mich immer stärker, dass wir die einzigen Deutschen waren. Auf dem Bildschirm erschien BOARDING, aber es gab keine Möglichkeit einzuchecken oder das Gepäck aufzugeben. Die Kinder hatten jede Ecke des Flughafens bespielt, wurden müde und die erworbenen Snacks neigten sich dem Ende zu. Plötzlich trat dieser nette Mann, auf eine für Spanier ungewöhnliche schnelle Art, aus seinem Infohäuschen. Er kam auf uns zu und teilte uns mit Händen und Füßen mit, dass unser Flieger in sieben Minuten abheben würde, ob mit oder ohne uns. Ich zeigte auf meinen überdimensionalen Koffer, den ich nirgendwo aufgeben konnte und er zuckte erneut bedauernd die Schultern. 20 Sekunden und eine Entscheidung später spürten meine Kids die Energie von: „Jetzt braucht es alles von euch, kein Platz für Dramen!" Koffer und Kinder an der Hand rannten wir zur Sicherheitskontrolle.

Noch fünf Minuten: Die Dame zeigte auf unseren Koffer und schüttelte den Kopf. Mir stiegen die Tränen in die Augen, oh Gott, wir würden nicht nach Hause kommen, und wenn wir kein Hotel finden würden? Was eine Umbuchung wohl kosten würde? Die Urlaubsstimmung wäre dahin. Ich hatte noch nicht zu Ende gedacht, hielt mühsam die Tränen zurück, da winkte sie mich einfach durch. „Okay, nicht denken, Sarah. Weiter!" Vier Minuten. „Was wenn alles gut wird?" Nächster Kollege, Kopfschütteln, Blick in unsere Augen: Durchwinken. Überforderte Gesichter beim Scannen. Es brauchte drei Leute, die den Koffer aufs Band hoben: Ich zeigte ihnen drei Minuten an, sie zeigten auf die Tafel mit verbotenen Sachen an Board. Während ich langsam den Kopf schüttelte, dachte ich an all die Flüssigkeiten: Shampoo, Sonnencreme, meinen Rasierer, das Obstmesser, meinen Pürierstab... Der Beamte schaute bedauernd auf das Scangerät und öffnete den Koffer, wo ihm ein heilloses Chaos entgegensprang. Er schaute mir in die Augen, nickte seinem Kollegen zu und winkte mich kaum ersichtlich durch. „Nicht denken, Sarah, weiter!" Wir rannten wie wild zum Gate, inklusive Riesenkoffer und erschrockenen Menschen im Duty-Free-Shop, die klugerweise zur Seite traten. Eine Mitarbeiterin stand noch am leeren Gate und JAAAA, buchte uns ein, in wahrhaft letzter Minute.

Nassgeschwitzt und Adrenalin versprühend beförderten wir zum Erstaunen der anderen Reisenden den Drei-Mann-Koffer die Treppen irgendwie hinunter und fanden ein Plätzchen im Bus zum Flugzeug. Auf der Rollbahn mit unserem Monstergepäck lächelten überforderte Spanier und wir uns gegenseitig an. Irgendwann schickte uns ein Spanier mit einem aufgesetzt ermutigenden Lächeln in den Flieger. Ich machte ein letztes Foto von unserem Koffer, mutterseelenallein auf dieser Rollbahn, nirgendwo erfasst, und verabschiedete mich zum zweiten Mal an diesem Tag im Geiste von ihm. Wir kamen lachend, verschwitzt und voller Herzrasen im Flieger an. Ich hörte auf, mir Sorgen über den Koffer zu machen oder mich zu verurteilen, weil ich nicht am Morgen zum Flughafen gefahren war. Wie? Indem ich die Gedanken gnadenlos stoppte. Ich sage meiner inneren Stimme: „Stopp!" und „Genieße, was ist." Die Kinder folgen meinen Stimmungen wie die Ratten von Hameln, in beide Richtungen. Um uns genervte Familien, die sieben Stunden am Miniflughafen verbracht hatten und uns irritierte Fragen stellten: „Und wenn der Koffer nicht da ist?" „Was, wenn alles gut wird?" dachte ich und lächelte die Familie an.

Zwei Dinge machen uns aus: Wir entscheiden uns für Glück, immer wieder. Und wir mögen Adrenalin, kommen alle ganz gut mit solchen gelegentlichen Achterbahnfahrten zurecht. In Köln angekommen, erschien unser Koffer, ohne jegliche Schilder, als erster auf dem Band. Wir verließen den Flughafen breit grinsend, in dem Wissen, dass weder kleine noch große Dramen unser Glück beeinflussen können.

Gut gebrüllt, Löwin

Als Sternzeichen Waage und Mensch aus einem Sozialberuf, hatte ich immer die Idee, alles diplomatisch zu klären, alle Bedürfnisse zu erkennen und einzubeziehen. Für mich war gelungene Kommunikation so wichtig wie die Luft zum Atmen, also beschäftigte ich mich aus beruflichem wie privatem Interesse intensiv damit. Wie bei wahrscheinlich allen Trennungseltern bestand und besteht der Wunsch, mit dem Ex-Partner nach der Trennung eine angemessene Kommunikation zu finden. Doch unsere Realität war eine andere. Hatten wir es schon als Liebende nicht geschafft ordentlich zu kommunizieren, so war es fast utopisch, dass es nach der Trennung funktionieren sollte. Meine Vorstellung von Trennungseltern-Kommunikation war, Entscheidungen bezüglich der Kinder gemeinsam abzuwägen. Seine Vorstellung nicht. Irgendwann nahm ich dies an und entschied für meinen Frieden und den der Kinder, alle Entscheidungen (Operationen, Logopädie, Schulverweigern) alleine oder mit Beratung durch Freundinnen, Patentanten oder der Ex-Schwiegermutter zu treffen. Als ich meinen Ärger darüber aufgab, erkannte ich, dass es auch ein riesiger Vorteil ist, selbst abzuwägen, entsprechen meine Vorstellungen und Ideen doch nicht immer der Norm. Ich merkte, dass es ein Prozess war, die Entscheidung und damit die Verantwortung auch in diesem Bereich alleine zu tragen und sogar dankbar für das Vertrauen meines Ex-Partners zu sein.

An dieser Stelle besteht auch eine sehr deutliche Parallele zu meiner Selbständigkeit. Aus einem Gefühl des Mangels heraus hatte ich sogar kurzfristig eine Partnerin mit ins Boot geholt, die im Nachhinein kaum mehr als die Funktion hatte, mir das Gefühl zu geben, nicht alles alleine zu bestimmen. Ich fing an, mir zu erlauben, gerne die „Bestimmerin" zu sein. Und verstand, dass ich sie schon immer gewesen war. Irgendwann war nur die Idee in mir gewachsen, dies sei falsch und Kompromisse wichtig. Heute bin ich der Meinung, Kompromisse sind scheiße, denn niemand bekommt, was er will. Viel wichtiger ist, dass man und vor allem frau sich traut, das zu leben, was sie gut kann, nicht das, was gerne gesehen wird.

Ich kommunizierte mein Leben lang an so vielen Stellen, wie es gerne gesehen war: als die nette, verständnisvolle Helferin. Nickte, lächelte und bedankte mich sogar für Ratschläge, nach denen ich nie gefragt hatte und die mir eigentlich komplett egal waren. Meine Sozialisation war immer einen Schritt schneller als ich und mein innerer Groll konnte ein Fass füllen. So lange, bis es überlief und sich leider über die Menschen ergoss, die mir ständig ausgeliefert waren und es am meisten wert sind, beschützt zu werden: meine Kinder. Es gab einen Moment, für den ich mich sehr lange sehr intensiv schämte. Der Auslöser war recht banal, das dreihundertste „bei Papa müssen wir dies nicht, der Papa macht das besser. Papa hat immer Zeit." 299 mal hatte ich es weggelächelt, doch an diesem Tag war ich weit über meiner Belastungsgrenze, die ich nicht kommuniziert hatte. Ich schrie vier aufgerissenen Augen etwas entgegen, was das Messer in der noch offenen Wunde drehte: „Wo ist euer toller Papa denn? Ich seh ihn nirgendwo? Papa nimmt sich nicht frei, weil ihr krank seid oder ihn braucht." Ich entschuldigte mich natürlich nach meinem Ausbruch, aber der Schaden war angerichtet. Wiederholung ausgeschlossen. Da es für mich leichter ist zu handeln, statt in dieser Schuld zu schmoren, beschloss ich, besser auf meine Toleranzgrenze zu achten. So sehr, dass in meinem Groll-Fass nach oben hin genug Platz für Trotzanfälle, Zahnputzdramen und all die anderen Dinge ist, die Kindern nun mal zustehen.

Ich begann die Veränderung bei mir, indem ich mir konsequent verbot, mich schlecht zu machen, mich schuldig zu fühlen und selbst zu kritisieren. Reflektieren ja. Ansonsten verbot ich meiner inneren Stimme den Mund. Nein, so redete keiner mehr mit mir, am wenigsten ich selbst. Nach kurzer Trainingsphase lief das sehr gut und baute meinen Selbstwert entsprechend auf, sodass sich auch in meiner Kommunikation mit der Außenwelt etwas veränderte. Ich teilte in kurzer Zeit zwei Menschen mit, dass der eine meine Wohnung verlassen und der andere sie nicht mehr betreten sollte, wenn sie, wie sie es taten, mit mir kommunizierten. Natürlich erlebten meine Kinder dies mit und nach reflexartiger Schuld, die ich mir verbat, fühlte ich Stolz. Ja, ich darf und kann meine Grenzen kommunizieren, wenn es sein muss sehr deutlich und dies meinen Kindern vorleben.

Ich verwandelte mich von der, die immer verständnisvoll war und dem anderen ein gutes Gefühl geben wollte, zu einer Frau, die es aushalten kann, dass man(n) mich scheiße findet. Mein Coaching und die Erfolge meiner Klienten veränderten sich dadurch, denn ich konnte es auch aushalten, dass sie sich zeitweise nicht mochten und dadurch langfistig Dinge veränderten.

Am Anfang meiner Selbständigkeit hatte ich vermieden, dass die Menschen mitbekommen, dass ich alleinerziehend bin. Ich hatte Sorge, dass ich keine Aufträge bekomme, mich Menschen als zu belastet und unseriös einschätzen. Auch dies wandelte sich und die authentische Kommunikation wurde mein neues „seriös". Seit ich ganz bewusst mit meiner Familiensituation nach außen gehe, bekomme ich positive Resonanz, die Menschen betrachten unser Leben respektvoll. Die Kommunikation zwischen mir und meinen Kindern hat sich auch deutlich authentischer entwickelt, von beiden Seiten her. In unserer Familie wird das Wort „Scheiße" nicht mehr verboten. Denn wenn etwas wirklich scheiße ist, wieso soll man das beschönigend und lächelnd ausdrücken?

Ich ließ immer mehr Anteile des netten Mädchens hinter mir und wurde immer mehr die Frau, die für sich einsteht, innerlich und verbal. Je klarer meine Kommunikation wurde, desto deutlicher konnte ich subtile Kränkungen anderer gegen mich wahrnehmen. Diese Transformation war stellenweise sehr anstrengend, zumindest dachte ich, dass sei der Grund, warum ich mich nach etwa einem Jahr in meinem neuen Leben plötzlich unglaublich müde fühlte, als hätte sich eine Bleidecke über mich gelegt. Ich wusste morgens nicht, wie ich aus dem Bett kommen sollte. Ich machte den Kindern am Nachmittag mal eben den Fernseher an, um ein Nickerchen zu machen und schlief unglaubliche vier Stunden. Das Bett unter meinem Hintern hätte abbrennen können, ich hätte weitergeschlafen. Mich erschreckte diese Müdigkeit und eine Grundstimmung, die mich sofort in Tränen aufgelöst reagieren ließ. Was war nur los mit mir? Nach der Trennung hatte ich tatsächlich eine neue Partnerschaft gefunden. Unsere Beziehung fand überwiegend telefonisch statt, sehen wollte ich ihn nur an den kinderfreien Wochenenden. Als er Patchwork-Träume und Hausbauten sah, war ich froh, einen Menschen zu haben, mit dem ich über alles sprechen konnte. Ich hatte schon einige Male in Frage gestellt, ob diese Beziehung das Richtige für mich war und mich, heute unvorstellbar, von ihm immer wieder überreden lassen. Heute weiß ich, dass man diese Phase in Fachkreisen „Love Bombing" nennt.

In meiner Melancholie, der Müdigkeit und der Sorge, ein Burnout zu haben, wandte ich mich natürlich an meinen Partner, kommunizierte offen, in meiner ganzen Verletzlichkeit. Den wahren Charakter eines Menschen erkennt man erst in Momenten der Schwäche. Ich lernte eine ganz wichtige Lektion: Bewerte Menschen nach ihren Taten, nicht nach ihren Worten. Ebenso schwor ich mir, meiner Intuition in Zukunft immer zu vertrauen, hatte ich doch an jeder Spitze bezüglich meines beruflichen Erfolges ein eindeutiges Bauchgefühl gehabt.

Ich nahm all meine noch vorhandene Kraft zusammen beendete die Beziehung. Nie wieder war ich bereit, meine Grenzen überschreiten zu lassen, in dieser Form erst recht nicht. Statt Trennungsschmerz fühlte ich Dankbarkeit für die Erkenntnis und den Ausstieg aus dieser Beziehung. Entgegen der gängigen Meinung hatte es mir sehr auch dort gut getan, meinem Entsetzen lauthals Luft zu machen.

Die Müdigkeit und Schwere blieb.

Zwei Tage später geschah etwas, das sich nur im Leben mit Kindern ereignet. Ich bin der Meinung, bis zu einem gewissen Alter haben sie noch gnadenlosen Zugang zu ihrer Intuition und verschwenden keinen Gedanken darauf, ob sie in der Kommunikation etwas verpacken müssen oder auf einen geeigneten Moment warten sollten. So fragte meine Tochter mich beim Verstauen diverser Kinderfahrzeuge im viel zu kleinen Schuppen, wann denn das Baby in meinem Bauch komme. Gelungene Kommunikation heißt auch zuzuhören, zu erfassen, was der andere sagt und manchmal auch: die Schnauze zu halten. Während ich ansetzte, meiner Tochter zu erklären, dass ich kein Baby im Bauch hatte, erinnerte ich mich, dass ich diese Müdigkeit schon zweimal erlebt hatte. Das konnte doch nicht sein, oder doch? Mein Herz schlug schneller und gleichzeitig wurde ich sehr blass. Wir betraten unsere Wohnung, die ich plötzlich anders betrachtete. Endlich hatten wir ein Sofa, endlich waren wir angekommen, alles war stabil und aufgebaut. Konnte es wirklich sein? Wie so oft als Alleinerziehende, schob ich meine Gedanken im Alltag zur Seite und versorgte die Kinder. Abends im Bett fühlte ich kurz in meinen Körper: Konnte es sein? Während mein Kopf ratterte, bemerkte ich, dass ich lächelte. Mutterschaft ist doch das Verrückteste auf diesem Planeten.

12. WENN DIE KRISE ZUM GESCHENK WIRD

Und dann und dann, fängt das Ganze schon wieder von vorne an...

Schwanger, wow! Ich legte die Hand auf meinen Bauch, versuchte mir vorzustellen, was dort passierte. Schluckte, mehrmals ... Hörte meine zwei Kinder spielen, ich verteilte das Fühlen gestückelt auf den weiteren Tag. Vielleicht heute Abend, wenn ich nicht mit einschlafe. Dieser Gedanke begleitete mich dezent durch den ganzen Tag, wie ein sanftes Flüstern, während ich Essen kochte, spielte, aufräumte und die Einschulung meines Sohnes organisierte. Ich ignorierte die Urlaubsfotos und Nachrichten meines Ex-Freundes, der die Grenze der Trennung natürlich nicht akzeptierte. Ein Wieder-Zusammenfinden und auch freundschaftlicher Kontakt keine Option, beide sich der Entlarvung, des Blickes hinter die Maske, bewusst.

Ich schlief natürlich mit den Kindern ein. Am nächsten Abend waren die zwei bei ihrem Papa und ich hatte Luft für den Test. Kaum kam dieser in die Nähe meines Ikea Kinderbechers voller Urin, zeigte er das an, was unser Leben wieder völlig umkrempeln sollte.

Schwanger... wow – wieder... und alleine.

Ein neuer Mensch war da, in meinem Bauch. Unfassbar. Ich konnte nicht denken, meine Gefühle ballten sich wie eine zusammenziehende Wolke um mich. Ich konnte mich noch zu meinem Bett bewegen, das ich für mehrere Stunden nicht verlassen würde. Mein Hals schnürte sich zu, meine Gedanken rasten, zwischen Vollgas und Vollbremsung. Unmöglich. Atmen, atmen, atmen. Ich konnte den wichtigsten Menschen in meinem Leben nicht einfach anrufen. War meine beste Freundin, seit acht Jahren mit unerfülltem Kinderwunsch, doch gerade an dem Punkt, sich für ein Adoptionsverfahren zu öffnen. Alles, was sie sich sehnsüchtig wünschte, war mir wortwörtlich in den Schoß gefallen. Würde sie mich hassen oder auf Distanz gehen? Würde ich dies aushalten? Der Verstand ratterte: Was bedeutet es für uns alle drei... vier? Mein Herz klopfte. Würde ich dem gerecht werden oder war ich verantwortungslos? Würden wir jetzt doch in die Armutsfalle rutschen? Meine Kinder einen nachhaltigen Schaden erleiden, durch eine überforderte Mutter? Alleine mit dreien ist schon sehr verrückt!

Sollte ich vom Amt leben? Wie würde das Umfeld reagieren? Oh Gott, dann hätte ich Kinder von mehreren Vätern. Abgestempelt. Überraschenderweise ergriff mich ein Gefühl der Scham, plötzlich eine andere Art von alleinerziehend zu sein. Ich legte meine Hand auf meinen Bauch. Da war es, ich spürte Liebe, in dieser Bedingungslosigkeit, wie es sie nur dort gibt. Tränen flossen. Dankbarkeit. Angst. Ich liebte dieses Gummibärchen schon jetzt so sehr. Würde mein Körper das schaffen? Meine Tochter war bereits eine Risikoschwangerschaft gewesen, weitere Schwangerschaften nicht empfohlen. Wie würden die Kinder reagieren? Und immer wieder die Frage: Kann ich allen gerecht werden?

Ich nahm die Angst sanft aber bestimmt auseinander, lockerte einzelne Fäden des Gefühlsknäuels. Fand den Anfang. Die größte Angst, war dieses Geschenk zu verlieren. Ich schaute realistisch und klar auf mich und was ich schaffen konnte. Ja, das war meine Stärke und ich „konnte" Verantwortung. Heute konnte ich dies alles, damals nicht. 18 Jahre zuvor hatte ich entschieden, ein Wunder gehen zu lassen. Für mein damaliges geprügeltes und misshandeltes, vom Leben überfordertes, junges ICH verstandesmäßig natürlich richtig. Für mein Herz bis heute ein Verlust, ein tiefes und schmerzhaftes Vermissen, das ich immer wieder versuche, aufzuarbeiten. Kaum ein Tag vergeht, an dem ich nicht an meine Libelle denke, die ich nie kennenlernen durfte. Die Frage, wer dieser Mensch wäre und der Wunsch, dass ich früher gewusst hätte, was ich heute weiß. Ja, ich dachte auch an dieses Baby, dort unter der Decke, meine nun 19-jährige Tochter, die nie die Chance hatte, an meiner Seite zu sein. Erinnerte mich an ein Leben, das vor langer Zeit gestorben war.

Wanderte in Gedanken zu dem Mohnkorn in meinem Bauch. Dieser kleine Mensch, der wohl entschieden hatte, in dieser Konstellation zu entstehen, quasi in letzter Sekunde vor der Trennung in mein Leben getreten war. Das musste reichen, ich kam aus der Deckung. Hatte mich entschieden. Legte die Hand auf den Bauch und sprach zum ersten Mal zu meinem Baby: „Du hast dir ein ganz schönes Chaos ausgewählt. Aber du bist von ganzem Herzen willkommen in diesem Chaos. Ich kümmere mich hier um alles, halt du dich bitte einfach gut fest. Bitte, ich will dich nicht verlieren."

So eine Freude. Ich erlaubte mir, die Dankbarkeit zuzulassen, sie aufzudrehen, bis ich sie mit jeder Faser meines Körpers und Verstandes fühlen konnte. Die stolzeste Mutter aller Zeiten. Doch auch keine naive Mutter, Herausforderungen gab's genug, ich krempelte die Ärmel hoch. „Baby, es geht los!" Doch an diesem einen Tag gehörte all die Vorfreude, all die Weichheit und die Annahme ganz alleine mir.

Am nächsten Tag beschloss ich, meinen Expartner telefonisch im Urlaub zu informieren. Drei Tage nach dem Telefonat begriff ich, dass keine Reaktion mehr kommen würde. Die Urlaubsfotos und Wetterberichte endeten. Die „Sache" war wohl entschieden und klar für die andere Seite. Die andere Seite sollte doch ein weiterer Mensch sein, der dich begrüßte. Keine Reaktion, alles gesagt.

Schwanger... und wieder alleine

Wir hatten es ja schon einmal geschafft, ich hatte es geschafft. Eine Selbständigkeit aufgebaut, ohne zu wissen, ob diese gelingen würde. Geld investiert, das ich nicht hatte. Zeit gefunden, wo keine war. Kinder getröstet, wo es keinen Trost gab, nur Vermissen. Sogar eine neue Liebe hatte mich gefunden, ohne Suche. Die Nächte, in denen ich all dies geplant und umgesetzt hatte, waren wieder zu Nächten voller Schlaf geworden. Ich erlaubte mir immer mehr, zu leben, die Momente zu genießen, zu feiern, wie gut es mir ging, wie unbeschwert meine Kinder lebten. Aufatmen, es hatte wirklich funktioniert! Der selbstgewählte Kitawechsel meiner Tochter, die Möglichkeit, sechs Wochen Eingewöhnung zu leisten und trotzdem im Café Cappuccino und Milchschäumchen zu schlürfen. Öfter als nötig und doch starteten wir gerne so in unseren Nachmittag. Mitten im Stadtcafé, zwischen Vogelkacke und Marmorkuchen.

Schwanger... Alleine, keine Antwort.

Ich grinste, ich strahlte, ich spürte mein Baby. So ein verrücktes Leben. Sollte es Vorleben geben, dann hatte ich mich mindestens drei Leben lang zu Tode gelangweilt und viel nachzuholen.

Zurück in die Realität, denn von Liebe alleine konnten wir nicht leben. Meine Selbständigkeit lief gut, aber hing zu hundert Prozent von meiner Arbeitskraft ab. Das war natürlich ein Problem. Ich sprach mit offiziellen Stellen – nichts. Immer noch kein Ankreuzfeld für den tanzenden Zirkusbär. Nur vage Aussagen, die Gefahr eines Umzugs in eine Sozialwohnung zu groß. Ich schwor mir, dass mein Lausebub und mein Räubermädchen keine Nachteile erfahren sollten und Schwüre sind natürlich bindend. Womit konnten wir rechnen? Würde es auch so funktionieren, konnte ich eine Pause machen, vielleicht ein paar Wochen lang?

Keine Antwort.

Ich behielt mein Geheimnis noch etwas für mich, wappnete mich erst innerlich gegen die Sorgen und Einwände der anderen. Auch wenn der Kopf es nicht verstand, ich durfte empfangen, ich durfte lieben und ich durfte kleine Hände bald in meine nehmen. Teilte meine Freude zuerst mit meinem Lieblingsmenschen, ein Tag der Freundschaft zwischen Tränen, Gönnen, Bedauern, Freude füreinander und einer Lektion, was wahre Größe ist.

Ich stellte viele Fragen. „Warum?" war keine der Fragen. „Wie kann es noch besser werden?" eine tägliche. Wie kann meine Selbständigkeit ohne meine Arbeitskraft weiterlaufen? Wie kann ich Zeit für all diese Wesen finden UND in Cafés sitzen?

Schwanger...

Ich wollte meine Freude am liebsten in die Welt schreien. Ich erreichte den Vater meines Kindes. Er sprach darüber, was dies für ihn bedeutete. Ich hörte seine Worte vom Verzicht auf seine frühzeitige Rente, während ich meine Hand schützend auf den Bauch legte. Ich schwankte zwischen Fassungslosigkeit und einem Gefühl, dass mir in diesem Kontakt immer vertrauter werden würde: Irritation. Wie sich diese Elternschaft gestalten sollte, ahnte ich glücklicherweise noch nicht im Ansatz. Ich ahnte jedoch schon, dass auch mein Umfeld nicht laut jubeln würde. Doch wie alles in meinem Leben, richtete ich das Leben nach meinen Kindern, auch das Outing meiner Schwangerschaft. Meine Kinder sollten die Ersten sein, die es erfuhren. Ab diesem Moment würden sie es auch in die Welt tragen und gleichzeitig wollte ich ihnen nicht die Bühne nehmen. So informierte ich Freundinnen und Familie zwischen der Einschulung meines Sohnes und dem vierten Geburtstag meiner Tochter. Erwartungsgemäß waren die Reaktionen eher: „Ach shit!" statt spontaner Glückwünsche. Die Reaktion meiner Kinder dagegen recht neutral und interessiert. Ich ließ mich zu gerne in diese kindliche Leichtigkeit einladen, in der wir darüber sprachen und lachten, wie sehr Babykacka wohl stinkt und wer die Windeln wechseln muss.

Von zahlreichen Zurufen im Sinn von „Such dir jetzt noch schnell eine Anstellung!" ließ ich mich sogar kurzzeitig anstecken. Bewarb mich auf eine Stelle in einer Kita und war erstaunt, wie viel Zeit ich dort verbringen würde für sehr überschaubares Geld. Dann müsste ich wohl noch mehr meiner Selbständigkeit in die Nacht verlagern? Wirtschaftlich betrachtet eine sehr schlechte Idee. Mittlerweile risikoschwanger bekam ich keine ärztliche Erlaubnis, in der Kita zu arbeiten. Ich atmete auf, nein, das hätte weder die Kuh vom Eis geholt, noch etwas an unserer langfristigen Situation geändert. Da ich keine Ahnung hatte, ob und in welcher Höhe ich Unterhalt für mein Kind bekommen würde, sah ich nur einen Weg. Ich würde von der Selbständigen zur Unternehmerin werden und hatte dafür noch maximal fünf Monate Zeit. Ich weigerte mich erneut, dem Bild der gestressten, ausgebrannten, finanziell begrenzten alleinerziehenden Mutter Raum zu geben. Höchstens als Antrieb, um mich in die andere Richtung zu bewegen.

Schwanger... Ich freute mich. Meine Kinder freuten sich. Mein Business sollte sich freuen, auch wenn es noch nichts davon wusste.

Ich trat einem Unternehmerclub in meiner Stadt bei, bastelte nächtelang an Konzepten und verbrachte die Tage mit der Realisierung. Ich wollte alles, denn wie sollte ich meinen Kindern sonst vorleben, DASS alles möglich ist? Das bedeutete auch immer wieder, die Tränen der Überforderung wegzuwischen, Dinge umzusetzen und daran zu glauben, dass ich es schaffen würde, dass wir es schaffen würden... erneut. Parallel zum Aufbau der neuen Idee arbeitete ich sehr viel, nahm jegliche Möglichkeit wahr, uns einen finanziellen Puffer zu schaffen, solange dies noch möglich, sprich, das Baby im Bauch war.

Im Chinesischen setzt sich das Wort Krise aus zwei Schriftzeichen zusammen: Eines bedeutet Gefahr und eines Chance. Ich entschied mich für die Chance.

Irgendwann schoss mir ein Babyname durch den Kopf, der mir absolut gefiel. Ich schaute nach der Bedeutung und war sprachlos, diesmal vor Freude: Dieser Name bedeutete: „das Geschenk" und genauso fühlte es sich an. Ich trug ein Geschenk unter meinem Herzen, für mich und die Welt.

13. ALLEINERZIEHEND NEXT LEVEL

Wenn du denkst, es geht nicht mehr, kommt von irgendwo eine Herausforderung her

Letzten Sommer wurde über eine Social Media Gruppe nach weiteren Alleinerziehenden in meinem Stadtteil gesucht, für ein ungezwungenes Picknick. Zu meiner und unser aller Überraschung waren wir recht viele. Der Nachmittag schwankte zwischen spritzig und schwer. Es gab zwei Punkte, die immer wieder besprochen wurden: „Wie viele Stunden arbeitest du?", „Bist du zu 100% alleine?". Hätte ich dies bei den ersten beiden Kindern gehört, hätte ich mich noch gewundert, doch seit ich selbst eine zu hundert Prozent Alleinerziehende war, wusste ich, wie viel Unterschied die vier Tage Umgang im Monat und dadurch anderen Rahmenbedingungen machten. Denn ich war bis dato noch eine Alleinerziehende first level.

Bereits die Schwangerschaft war eine besondere Situation. Alleine schwanger zu sein ist völlig anders als mit Partner schwanger zu sein. Dies durfte ich bei jedem Frauenarzttermin bemerken, wenn ich zwischen aufgeregten Paaren im Wartezimmer saß. Nach der Risikoschwangerschaft meiner Tochter hatte ich das Kinderthema abgeschlossen, zu groß war die Angst. Leider war die Prognose der Frauenärztin dieses Mal auch nicht besser. Sehr früh wurde mir gesagt, dass es besser sei, mich ganz aus dem Alltag zurückzuziehen. Da war er, zum ersten Mal, der Moment des Outings als Alleinerziehende. Bis dahin sah mein Gegenüber, in dem Fall die Gynäkologin, das Bild einer glücklichen Dreifachmama, einer Familie. Ich setzte die Nadel an und ließ die Blase der glücklichen Schwangeren platzen. Interessanterweise schämte ich mich. Wie noch so oft, erfuhr ich von meinem Gegenüber eine Mischung aus Mitleid und Bewunderung. Ich tat wie empfohlen, trat kürzer, nahm mir Raum für mich und das Wunder in meinem Bauch und freute mich von ganzem Herzen, dass er bei mir bleiben wollte, in diese Welt kommen wollte. Ich freute mich alleine. Natürlich gab es Freundinnen und Familie, aber niemand war beim ersten Tritt dabei, niemand, der mir mal eben einen Tee machte nach einem anstrengenden Tag, verfolgte, wie der Bauch größer wurde. Nur meine Stimme, die mit dem Bauchbewohner sprach und sang. Dieser Rückzug war sehr wichtig, um von dem hartnäckigen Gedanken, dass der Kleine das nicht verdient hatte, wegzukommen. Ich wusste, dass meine Liebe reichen würde und mit wachsendem Bauch merkte ich, dass da noch zwei kleine Menschen waren, die sich sehr für ihn interessierten und sich mit mir freuten. Ich erhielt die Quittung für meinen Rückzug ein paar Monate später: Ein leeres Konto. Geld war Komfort, Geld war Seelenfutter. Um mal im Cafe zu sitzen, um Einkäufe liefern zu lassen, um Möbel für das Baby zu bestellen. All das tat ich nicht, sondern schleppte gebrauchte Wickelkommoden und fuhr, voller Übelkeit und Sorge um meinen Bauch, in einer überfüllten Bahn, statt einen Mietwagen zu nehmen.

Dieser Winter war sehr kalt. Ich war im fünften Monat schwanger und arbeite wieder in jeder möglichen Minute, doch die Einnahmen erhielt ich zeitversetzt. Mein Bauch war ordentlich gewachsen und damit alle Jacken zu klein. Ich sprang über meinen Schatten und rief den Vater meines Babys an, bat um einen Zuschuss für eine Winterjacke, benannte ihm, dass es eine gesetzlich vorgegebene Unterstützung zur Erstausstattung gibt. Er habe im Keller noch 'ne alte Regenjacke von sich, die könne er mir geben, war seine nüchterne Antwort. Diese Aussage holte mich zurück in die Realität. Ich konnte nichts mehr auf den ersten Schock seinerseits schieben. Erst weinte ich, dann wurde ich wütend, dann sehr klar. Mein Stolz drohte mir, wenn ich mit seiner alten, abgenutzten Jacke den Winter bestreiten würde, würde er sich auf der Stelle umdrehen und sich nie wieder blicken lassen. Alleinerziehende brauchen Möglichkeiten, keine Almosen.

Ich tat zwei Dinge: Erstens setzte ich, nach juristischer Beratung, ein offizielles Schreiben auf und forderte die Offenlegung seiner Finanzen. Zweitens machte ich einen Plan für unsere Zukunft und setzte ihn um. Ich alleine war für die Zukunft von vier Menschen verantwortlich, in weiser Voraussicht erwartete ich nichts von väterlicher Seite.

Was ich in dieser Lebensphase aber auch erleben durfte, war eine unglaubliche Frauensolidarität. Weibliche Anwältinnen, die mich umsonst berieten, Freundinnen, die bergeweise Leckereien und alkoholfreien Sekt vorbei brachten, meinen Bauch mit Henna bemalten und mich durch ihr Sein immer wieder daran erinnerten, das Lachen nicht zu vergessen. Falscher Stolz in der Form, alles alleine schaffen zu wollen, verließ unser Leben. Meistens jedenfalls. Meine Frauenärztin, eine kleine, taffe mit-fünfzigjährige Osteuropäerin, fragte mich bei meinen Besuchen nach meinem Befinden und im zweiten Atemzug: „Wird er zahlen?" Ein Kopfschütteln beider Seiten. Ich war unglaublich dankbar für diese Frau, lebenserfahren genug, um meine Situation zu verstehen. Daraus machten wir keinen Hehl. Die Sorge, dass mein Kleiner Schaden davontragen würde und alleine im Brutkasten liegen könnte, während ich seine Geschwister versorgte, schob ich zur Seite. In jeder ruhigen Minute, ich gebe zu, dies war oft nur morgens um 5.30 Uhr der Fall, wiederholte ich mein Mantra meinem Bauchbewohner gegenüber: „Du hältst dich fest, ich kümmere mich um alles andere." Und das tat ich, während ich meinen Sohn zur Schule brachte, dann die 1,5 Kilometer zur Kita zurücklegte und wieder in den 4. Stock lief. All dies wahrscheinlich vertretbar, hätte ich den Rest des Tages auf der Couch oder im Bett verbracht. Doch ich hatte andere Pläne.

Ich würde lügen, wenn ich behaupte, dass es mir nur gut ging in diesem Winter. Ich versorgte meine Kinder, hatte Spaß mit ihnen und war beruflich zu hundert Prozent präsent und verfügbar. Abends im Bett, wenn alle schliefen, weinte ich, doch meist nicht sehr lange, dafür war ich zu erschöpft. Mein Kleiner hielt sich weiterhin fest, die Ärztin schimpfte etwas, aber klopfte mir auch verbal auf die Schulter. Zwei Monate später verschlechterte sich mein Zustand und damit die Gefahr einer drohenden Frühgeburt für den Kleinen. Mein Körper sprach immer deutlicher zu mir, ich konnte kaum noch laufen. Vorgesehener Unterhalt zum Schutze des Kindes und der Mutter: Fehlanzeige. Also machte ich weiter. Manchmal stritten meine Ärztin und ich, zum Beispiel als sie vorschlug, meine Tochter für sechs Wochen zu einer Oma zu bringen, um mich endlich zu schonen. Als sie mein Baby das erste Mal live sah, sagte sie, er sei so beeindruckend wie ich, sehr stark und dabei ganz ruhig und im Vertrauen. Diesmal weinte ich aus Freude. All diese Frauen an meiner Seite waren meine Höhle, mein Stamm, an manchen Tagen machte ein warmes Lächeln oder liebes Wort den Unterschied zwischen totalem Zusammenbruch und Krönchen richten. Ich kratzte aus irgendeiner Ritze etwas Kraft hervor, um die Babyecke einzurichten, alles zu besorgen, was der Kleine so brauchte, bastelte ein Mobile mit den Kindern. Meine Kinder waren immer wieder die Einladung, zu leben, statt mich zu sorgen. Denn mittendrin, zwischen all den körperlichen und mentalen Beschwerden, haben wir Pfannkuchen gemacht und Disneyfilme geguckt. Während ich zum Ende der Schwangerschaft hin meine Vorwehen beim Spazierengehen veratmete, stellte ich mir vor, dass die Menschen dachten, mein Partner sei auf der Arbeit oder gestalte das Babyzimmer. Dass ich gut versorgt werde, finanziell und mental, mir jemand am Abend eine Fußmassage anbietet und mich davon abhält, den schweren Müllsack zu tragen, während ich kaum mehr weiß, wie ich aufstehen kann. Und wieder mal war es ein absolutes Geschenk, das sogar zwei Herzensmenschen bereit waren, mich zur Geburt zu begleiten, all ihre (Urlaubs-) Pläne anpassten. Ich war nicht alleine.

Zwei Wochen vor dem geplanten Termin kündigte sich die Geburt an. Meine Freundin war da, wir atmeten zuhause, in der Klinik, ohne Ergebnis. Ich wurde krank, die Geburt stoppte. Quarantänezimmer im Krankenhaus, dreimal am Tag brachten mir Menschen in Schutzkleidung mein Essen. Ich gebe zu, ich genoss grundsätzlich diesen Stillstand, die Ruhe, schlief etwas, tat einfach mal nichts, außer fiebern und gelegentlich wehen. Am nächsten Tag wurde ich entlassen, ziemlich plötzlich, bestimmt brauchten sie das Zimmer. In diesem Moment spürte ich in voller Wucht, was es bedeutete zu hundert Prozent alleinerziehend zu sein. Da stand ich, immer noch hochschwanger, noch gebeutelt von der Krankheit, mit einer ziemlich schweren Kliniktasche voller Kirschkernkissen und anderem Geburtskram. Verließ mein Zimmer und stand völlig verloren im Klinikflur. Weder eine Idee, wie ich diese Tasche tragen sollte, noch wie ich nach Hause kommen sollte. So sehr hätte ich mir in diesem Moment gewünscht, dass mich jemand an die Hand genommen hätte, ich mich hätte fallen lassen können. Ich war den Tränen nah, fühlte mich einsam, vergessen, übersehen. Bekam irgendwann eine geschäftige Schwester zum Stillstand, wusste selbst nicht, was ich wollte, vielleicht ein liebes Wort, ein aufbauendes Lächeln. Nein, ein Taxi müsse ich mir wirklich selbst rufen. Das tat ich, schleppte mich und die schwere Tasche aus dem Krankenhaus. Wartete auf mein Taxi, natürlich regnete es. Nachdem ich schon ziemlich durchnässt war, fand ich den verärgerten Taxifahrer an einem anderen Treffpunkt. Klammerte mich an meiner Tasche fest, nein, der Gedanke, dass er denke, irgendwo würde für uns gesorgt werden, funktionierte nicht mehr. Offensichtlich, dass es niemanden gab, der uns die Tasche abnahm, einen Schirm anbot oder uns einfach in den Arm nahm, die Gedanken zur „abgebrochenen" Geburt mit mir teilte.

Hundert Prozent allein ist next level.

Irgendwann harre ich meine Tasche bis in meine Wohnung ganz nach oben geschleppt. Hinterfragte mich, mein ganzes Leben, und konnte dieses starke irrationale Gefühl von: „Was stimmt den mit mir nicht?" kaum aushalten. Ich zog meine Jacke aus und hielt inne. Der Zugang aus dem Krankenhaus steckte noch in meinem Unterarm. So tief wie die Spitze der Nadel, so tief schmerzte mich meine Gesamtsituation in diesem Moment. Ohne Ablenkung, ohne Arbeit, ohne Schönreden. Melancholie, Schwere und Selbstmitleid sahen ihre Chance, anzugreifen. Ich wusste nicht, ob ich zurück ins Krankenhaus sollte oder am nächsten Tag zur Hausärztin, um die Nadel ziehen zu lassen. Ich wusste aber sehr klar, dass ich in meinem Kurz-vor-Geburt-alles-ist-scheiße-Ich nicht auch nur eine weitere Person ertragen könnte, die unfreundlich zu mir war. Ich erkannte an diesem Tag, dass ICH zeigen musste, was ich und mein Baby brauchten, da es niemanden gab, der sehen würde, wenn wir untergehen würden. Ich beschloss, dass ich mich nicht mehr schlecht behandeln lasse würde, schloss die Augen und zog mir den Zugang.

Next level heißt manchmal auch, keinen Raum für (Spritzen-) Angst zuzulassen.

Die Geburt alleine zu erleben, wäre mein persönlicher Alptraum gewesen, Beleghebammen waren in meiner Stadt nicht mehr tätig. Dankbarerweise hatte ich sogar zwei Freundinnen, die sich angeboten hatten, mich zu begleiten und meinen Sohn willkommen zu heißen. Beide, mittlerweile Patentanten des Kleinen, hielten sich über Monate bereit, verschoben Urlaube und waren Tag und Nacht erreichbar. Mein Sohn hielt sich an mein Mantra und blieb bis zum Termin im Bauch. Als hätte er dann sein Soll erfüllt, ging plötzlich alles sehr schnell, in der Toilette des Kreißsaals, den ich sechs Minuten zuvor betreten hatte, erblickte er das Licht der Welt. Glücklicherweise in Anwesenheit der besten Freundin der Welt, die mich geistesgegenwärtig und schnell zur Klinik gefahren hatte und mich umarmte, während er zur Welt kam. Dieses Wunder fühlte sich von der ersten Sekunde so richtig an, fast schon normal, er gehörte genau hierhin, hatte endlich seinen Platz in meinen Arm eingenommen.

Die ersten magischen Stunden, wenn die Uhren aufhören zu ticken und die Welt still steht beim Betrachten der tiefen Augen, kleinen Hände und dem Riechen dieses einzigartigen Babyduftes, teilte ich mit meinem Lieblingsmenschen. Momente, die eine ohnehin mächtige Freundschaft aufs nächste Level brachten. Ich strahlte, als ich von einer netten Schwester ins Zimmer geschoben wurde und freute mich auf die drei Tage Kennenlernen, in denen uns nichts stören würde. Wenige Stunden und ein Blutergebnis später, trug ich meinen Sohn auf die Kinderstation, Schläuche, Monitore,

Sonden, Beatmung, viele Sorgen, nackte Angst, entsetzte Kinderaugen. Ich konnte bei ihm bleiben, musste dafür aber meinen Status als Patientin aufgeben. Die netten Schwestern hatten ein Verbot, mich als Begleitperson zu versorgen, so durfte ich weder eine Schmerztablette bekommen, noch Einlagen für meinen Wochenfluss. Ich blutete meine Kleidung und das Bett voll, während ich meinen wenige Stunden alten Schatz im Arm hielt und versuchte, gegen den Schlaf anzukämpfen, um mein Baby ans Atmen zu erinnern. Meine Bettnachbarin und ich wurden in den folgenden Tagen erfinderisch, erschnorrten Einlagen von anderen Stationen und ich kaufte Getränkedosen vom Kiosk, um meine Geburtsnaht zu kühlen. Ihr Mann brachte mir eine Zahnbürste vorbei, ich organisierte für uns beide eine Hebamme zur Untersuchung. Am dritten Tag in meinem getrockneten Blut, hatte der Zustand meines Babys sich stabilisiert, ich konnte wieder denken und fragte ob mein Bett neu bezogen werden könne. Auch dies durften sie bedauerlicherweise nicht. Sie könne mir nur ein Laken geben, um es selbst zu beziehen, sagte die zuständige Schwester beschämt, da sie sah, dass dies mit Säugling voller Schläuche auf dem Arm wohl kaum möglich war. Das war der berühmte letzte Tropfen, der das Fass zum Überlaufen brachte: Ich weinte und hörte nicht mehr auf. Ich hätte mir nur eine Minute gewünscht, wie eine Mutter behandelt zu werden, die gerade frisch entbunden hat. Ein aufbauendes, anerkennendes Wort, eine Nachfrage nach meinem zu früh verebbten Wochenfluss, den Schmerzen, nach meinem Wohlbefinden. Die nette Schwester bezog daraufhin heimlich mein Bett. Bestimmt weinte ich auch, weil ich ein Gefühl dafür bekam, dass dies meine neue Realität sein würde, ohne umsorgt zu werden. Ich erinnerte mich an meinen Schwur nach dem vergessenen Zugang und umsorgte mich selbst. Wählte die absolute Authentizität, wollte nichts mehr weglächeln und steckte anscheinend meine Zimmernachbarin an. Wir nannten uns selbst liebevoll das Heulzimmer, beweinten den Kampf unserer Kinder, vergossen Tränen der Freude bei jedem noch so kleinen Fortschritt, taten uns manchmal unter Tränen leid und ich fluchte in allen Facetten über diese ständig piepsenden Monitore, solange, bis wir darüber lachen konnten.

Wir weinten beide sehr, als ich entlassen wurde.

Gerne hätte ich in diesen Tagen den Vater meines Sohnes angerufen. Es fehlte die andere Person, die ebenso um dieses Leben besorgt war wie ich. Natürlich informierte ich ihn und noch bevor mir klar war, ob ich versuchen sollte, meine Sorgen mit ihm zu teilen, kamen Forderungen. Nein, ich musste mich schützen, in diesem viel zu kleinen Raum, mit viel zu viel Emotionen, Monitoren und Schläuchen, war kein Raum für Bedrängung. Dieser Raum hier dient alleine dem Finden ins Leben, hier braucht es Aufbau und Zuspruch, nichts anderes durfte in dieser Luft schweben.

Mit dieser unendlichen Sorge alleine zu sein ist next level.

Ich habe an meinen Erkenntnissen festgehalten und sie umgesetzt. Zeigte an, wenn ich Hilfe brauchte, kontaktierte zum Beispiel das Jugendamt nach einem lautstarken Konflikt zwischen mir und dem Vater meines Sohnes. Mir wurde verständnisvoll und effizient geholfen. Wir nahmen an einer Mediation teil mit dem Ergebnis, dass der Vater jeglichen Kontakt zu mir einstellte und kein Aufeinandertreffen mehr alleine stattfinden soll. Ein Kanal wurde gefunden, über den das Befinden oder die Entwicklung des Kleinen jederzeit erfragt werden kann. Umgänge werden alle vierzehn Tage in Anwesenheit von Pädagogen und mir in einer Kita angeboten. Die Möglichkeit, dies zu erweitern, ist in Anwesenheit weiterer Personen wie seiner Partnerin oder meiner Schwägerin natürlich möglich.

Next level ist, die immer noch eingehenden vorwurfsvollen und um Unterhalt verhandelnden E-Mails ungelesen zu löschen.

Next level ist, damit zu rechnen, dass der Vater unerlaubter Weise alleine zu Umgängen erscheint und kommentarlos eine Freundin dazu zu holen.

Next level ist aufzuhören, zu denken, dass ein Verzicht auf Unterhalt ein Beitrag zum Frieden sei.

Next level ist weiterhin, unemotional und klar zu erwarten, dass die Offenlegung seiner Finanzen zur Berechnung stattfindet.

Next level ist, zu wissen, dass es keine andere Person gibt, die in Notfall oder bei Krankheit einspringen kann.

Next level alleinerziehend zu sein ist aber auch, zu erkennen, dass ich alleine entscheide, ob ich mir Energie rauben lasse, oder nicht.

Wie das ganz praktisch geht? Ich habe ein Codewort mit meinen engsten Freunden ausgemacht. Bei jeder neuen Sache, die mich fassungslos macht, kotze ich mich maximal zwei Minuten lang aus. Jüngstes Beispiel: „Hey Freundin, er möchte jetzt zwei Monate Elternzeit nehmen und will dafür prophylaktisch von der Unterhaltszahlung befreit werden." Freundin: „Moment – Elternzeit? Aber du kannst ja auch keine Elternzeit nehmen!?" Ich: „Ich weiß" Freundin nachdenklich: „Aber er hat den Kleinen doch gar nicht?" Zwei Minuten sind rum. Ich sage das Codewort: KNALLERBSE und wir lachen los. Kompromisslos. Funktioniert großartig. Natürlich durfte ich dies Schritt für Schritt lernen. So wie ich mit frischen Geburtsverletzungen Schritt für Schritt den Müll runtertrug, bis ich nach zwei Wochen 45 Minuten bis zur Kita laufen konnte. Schritt für Schritt. Schritt für Schritt, doch meine Richtung ist klar. Weder als Mutter noch als Frau oder Unternehmerin habe ich Zeit oder Energie für sinnlose Umwege.

Als mein Baby sechs Tage alt war, konnten wir endlich die Kinderklinik verlassen. Ich konnte es kaum erwarten, zuhause zu sein, dieser Moment, als wir in die stille Wohnung kamen, war wunderschön. Doch es gab einen ganz plötzlichen Anflug spürbarer Verantwortung, die mir fast die Luft zum Atmen nahm. Es durfte kein mentales oder körperliches Versagen meinerseits geben. Völlig alleine für ihn, für uns zu sorgen, auch finanziell. Next level. Der Kleine schlief selig in meinen Armen und ich dankte Gott, dem Universum, wem auch immer, zum x-ten Mal für seine Gesundheit, nahm nochmals eine Nase voll des wunderbaren Babygeruchs, öffnete den Laptop und vereinbarte die ersten Zoom-Termine für die nächsten Tage. Morgen würden meine Kinder nach Hause kommen, der Beginn von zwei Wochen Ferien. Ich bestellte überteuerte Einkäufe, die innerhalb einer Stunde geliefert wurden und schaffte es, mich so mit Schmerzmitteln und Kühlakkus zu versorgen, dass ich das Essen für die nächsten Tage vorbereiten konnte. Danach tat ich, was nie wieder kommen würde, ich betrachtete den Kleinen, genoss dieses wunderbare Wesen, nun ohne Schläuche und Sonden, mit allen Sinnen. Meine Augen wurden nicht müde, jedes noch so kleine Detail an ihm zu entdecken, jedes Zucken der Mundwinkel zu begrüßen, während seine winzig kleinen Händchen in meinen lagen. Keine Arbeit, keine Geschwister, kein Haushalt und keine Sorgen. Das Bedauern über diese kurze Phase ließ mich viele Tränen vergießen und weckte die Sorge, dass ich meiner Hormone nicht Herr werden könnte. Wir kuschelten, schnupperten und ich gab mich meinen Stillproblemen hin, wie eine „ganz normale Mama", für diesen Tag, für diesen Moment.

In den Wochen darauf schaffte ich es, das Trauma der Kinderklinik abzustreifen, drei Kinder Vollzeit zu versorgen und zu arbeiten, ohne mich selbst völlig zu verlieren. Ich bin bis heute wahnsinnig stolz, dass ich diese Zeit für uns alle zu einem ungewöhnlichen, doch schönen Ankommen gemacht habe. „Willkommen in unserem Chaos, kleines Wunder. So schön, dass du da bist!"

Next level, an Liebe und Glück.

Phase 3

Aber was, wenn alles gut wird

Geld folgt der Freude und dem Plan

Mein Wecker klingelte das erste halbe Jahr nach der Geburt um 5.00 Uhr, egal wie die Nacht war. So konnte ich vorarbeiten und tagsüber möglichst präsent für meine Kinder sein. Ich denke immer wieder über die häufig gestellte Frage, wie ich dies alles mache, nach. Vielleicht ist es die Kombination von 50% gnadenloser Disziplin und 50% absoluter Spontanität. Wenn ich mir etwas in den Kopf setze, lasse ich mich nicht davon abbringen, gehe meinen Weg, solange, bis ich angekommen bin. Nehme Umwege, Abkürzungen und Stolperfallen in Kauf. Komme, was wolle, mein „Warum" immer im Hinterkopf oder auf dem Visionboard. Über das Wie und Wann mache ich mir meist wenig Gedanken. Lasse mich überraschen, welche Möglichkeiten sich ergeben, vertraue darauf, dass ich Lösungen finden werde und ergreife Gelegenheiten, sobald sie sich zeigen. Ich führe wichtige Telefonate manchmal während des Windelwechseln, kann inmitten von fünf Kindern Texte schreiben oder nutze die Nacht, wenn Ruhe ist, um Videos aufzunehmen. Manchmal schaffe ich die Dinge später als geplant und meistens nicht so, wie ich sie gerne hätte, doch das ist okay. Ich alleine wurde mir der Mensch, nachdem ich mich immer gesehnt habe. Ich hadere nicht mit mir oder verurteile mich nicht, sondern bin unglaublich stolz auf mich, sage mir das innerlich und teile dies manchmal mit der Welt. Ich verbot meiner inneren Stimme weiterhin konsequent, mich klein zu machen, solange, bis sie leiser wurde. Umsorgte mich mit liebevoller Mütterlichkeit. Ebenso bot ich mir, meinen Kundinnen und meinen Kindern die männliche Verlässlichkeit, nach der ich mein Leben lang erfolglos gesucht hatte.

„Bringt mir das mehr von dem, was ich möchte?" Mit dieser Frage startet und endet mein Tag, mit dieser Frage im Kopf treffe ich (im Idealfall) alle Entscheidungen, im Business, im täglichen Leben, für mich und die Kinder. Besonderen Fokus lege ich auf das, was langfristig Bedeutung hat. Dieser eine Tag im Frühling, als ich direkt die Wäsche aufgehängt habe und die Krümel vom Frühstück morgens schon weggewischt habe, wird wohl unser Leben langfristig nicht beeinflussen. Der Aufbau eines Business, das auf lange Sicht mit immer weniger meiner direkten Arbeitskraft funktioniert, hingegen schon. Indem ich an der einen Seite diszipliniert bin und Ziele konsequent verfolge, kann ich im Gegenzug auch spontan Arbeit liegen lassen, wenn eines meiner Kinder besonderen Halt braucht, krank ist, wenn das Wetter toll ist oder ich Zeit für mich möchte.

Ich hatte das Ziel, aus dem allgemein üblichen „Tausche-Zeit-gegen-Geld" auszusteigen und trotzdem als „Helferin" zu arbeiten. Es gelang mir. Innerhalb einer Schwangerschaft schaffte ich, nur einen verbindlichen Termin in der Woche zu haben und damit meine gewachsene Familie finanzieren zu können. Wie? Ich half Frauen dabei, das zu erschaffen, was ich hatte: Ein Freelancer- Leben, mit flexibler Arbeitszeit und selbstbestimmtem Arbeiten. Meine Zeit war frei einteilbar, ich konnte die Arbeit an mein Leben anpassen. Ich kombinierte meine beiden „Welten", das Jobcoaching und die Online-Coaching Arbeit, miteinander. Ich orientierte die Form meiner Arbeit daran, dass sie sich auch an die Lebenswelt meiner Kundinnen anpasste: Natürlich freut es mich besonders, wenn ich Alleinerziehenden eine Perspektive bieten kann. Durch Gruppencoachings entkoppelte ich Zeit von Geld, unabhängig davon, ob zwei oder 20 Frauen meine Begleitung suchten, trafen wir uns zweimal wöchentlich im Zoomcall. Es brauchte tatsächlich noch etwas Mindset-Arbeit, bis ich erkannte, dass dies sogar „zu viel" war, bis ich das Gefühl, wie unverschämt es wäre, noch weniger direktes Arbeiten anzubieten, loslassen konnte.

Es war nicht entscheidend, wann und wie gelernt wurde, dies durfte individuell geschehen. Qualität und Eigenermächtigung, statt Quantität, die vorgegeben ist und Lerntypen und Lebensumstände nicht beachtet. Mein lebenslanges Manko, meine Ungeduld, kam mir sehr entgegen. Ich war schon immer schnell genervt, wenn ich

Dinge dreimal erklären musste. Durch die Aufnahme von ausführlichem Videomaterial kann jede meiner Teilnehmerinnen individuell und entsprechend der eigenen Stärken lernen. Und ich „verschwendete" in den Livecoachings weder Zeit noch Geduld an immer wiederkehrende inhaltliche Fragen, sondern konnte mich anderen Prozessen widmen. Alles, was ich mehr als drei Mal gefragt werde, wird als Video aufgenommen. Das gelegentliche Babyschmatzen im Hintergrund der Aufnahmen ist Zeichen dieser Disziplin. Viele Nächte, in denen ich gerne geschlafen hätte, nahm ich stillend Videos auf, erstellte Inhalte und Konzepte. Ein Fleiß, der sich nach Plan nun auszahlt, vor wenigen Wochen verbannte ich den Laptop in der Nacht aus dem Schlafzimmer.

Ich darf meinen Klientinnen eine Haltung lehren und vorleben, die sich bei mir durch alle Lebensbereiche zieht: Lösungsorientierung. Ich weiß, dass es IMMER eine Lösung gibt, konzentriere mich darauf, diese zu finden, statt alle sich anbietenden Gründe, warum es diesmal wirklich nicht geht, ernst zu nehmen. So ignorierte ich meist die „Das kann doch nicht klappen"-Aussagen in der Schwangerschaft, vereinzelte Sorgenattacken ausgenommen. In den ersten sechs Monaten war es leichter, mein Business zu führen, als meine Spülmaschine einzuräumen. Mein Kleiner liebte es, wenn er auf mir oder in der Trage schlief und ich mich zwei Stunden nicht bewegte, am Laptop saß oder telefonierte. Mit wachsender Mobilität und geringerem Schlafbedürfnis wurde dies immer herausfordernder, auch die morgendlichen Arbeitsstunden so nicht mehr möglich. Ich versuchte, dies aktiv zu verändern und verlor kurz meinen Grundsatz aus den Augen, meine Arbeit an meine Familie und mein Leben anzupassen und nicht umgekehrt.

Ich mietete eine Wunder versprechende Federwiege, buchte eine Stillberatung und versuchte zu erreichen, dass mein Kleiner zu einer festen Uhrzeit zwei Stunden schlafen würde, oder mir zumindest die Arbeitszeit morgens um 5.00 Uhr erhalten bleiben konnte. Fehlanzeige. Nach unzähligen Versuchen ließ ich mein wundersüßes Baby wieder so frei und spontan schlafen, wie er es wollte, schleppte das Ungetüm an Federwiege zur Post und drehte an einer anderen Schraube. Noch am selben Tag schaltete ich eine Stellenausschreibung und fand meine ersten zwei Mitarbeiterinnen. Was für mich zur Qual geworden war, weil es unmöglich war, in Anwesenheit meines grabschenden Krabblers Interessentinnen zu informieren und Vorqualifizierungen durchzuführen, machte beiden unglaublich viel Spaß und entsprach ihren Fähigkeiten. Wieder mal investierte ich viel, nahm in jeder freien Minute Videos auf und arbeite die zwei bezaubernden Ladies wochenlang ein, um mich jetzt an ihnen und den Ergebnissen erfreuen zu dürfen. Ja, wir alle drei freuen uns auf unsere Besprechungen um 21.00 Uhr und ich gestalte es so, dass sie natürlich etwas lernen und sich weiterentwickeln, aber es allen Energie und Freude gibt.

Wie viele Stunden ich tatsächlich arbeite, kann ich nicht beantworten und es spielt auch keine Rolle für mich. So, wie es gerade passt und manchmal so, wie es gebraucht wird. Ich bin ausgestiegen aus dem Gedanken des Stundenlohns und konzentrierte mich auf das Ergebnis, das gleiche gilt für meine Mitarbeiterinnen und die (angehenden) Jobcoaches. Wenn jemand ein Ergebnis in drei Stunden liefern kann, statt in 30, dann ist das nicht blöd, sondern verdammt gut. Alle meine Erfahrungen, Herangehensweisen und Methoden beruhen darauf, Menschen das Angeln beizubringen, statt stundenlang selbst am Teich zu stehen. Am Ende zählt der Fisch auf dem Tisch und nicht der Köder oder die Angel.

Ich unternahm die Dinge, die mir und meinem Business dienten und langsam wurde ich mir bewusst, dass ich eine Unternehmerin wurde. Um dies alles trotz Gegenwind und gefühlt als Einzige, die an diese Idee glaubte, durchzuziehen, brauchte es natürlich ein starkes Mindset. Ich durfte mich ent-wickeln: Wie eine Mumie, eingerollt in Begrenzungen, Glaubenssätze und Vorurteile gegenüber Geld und Business, legte ich Schicht für Schicht ab.

Allein das Wort „Business" zu benutzen, wäre mir vor drei Jahren nicht in den Sinn gekommen. Warum? Weil es sich irgendwie nach

Geld verdienen anhört und anfühlt. Oh nein, ums Geldverdienen ging es mir und meinen Kolleginnen nicht primär. Wir wollten Gutes tun. Nun möchte ich beides: Geld verdienen und Gutes tun. Frauen aufzeigen, dass dies auch für sie geht. Diese Erkenntnis zu erlangen, hat mich Lehrgeld gekostet, den „nur" Gutes zu tun streichelt zwar das Ego der Gebenden, aber ist nicht immer nützlich für den Empfänger, fehlt doch der Prozess der Selbstermächtigung. Alleinerziehende, Frauen, „Helferinnen" brauchen Möglichkeiten, keine Almosen. Geschenkte Unterstützung führte bei meiner Lernerfahrung nicht zu dem Erfolg, den die Person sich wünschte und den ich für möglich hielt. Bestimmt auch zu großem Teil, weil die Motivation, die mit einem Investment in sich selbst freigesetzt wird, nicht erlebt wurde. Gleichzeitig weiß ich aber auch, wie herausfordernd es für meine Klientinnen ist, die volle Summe einzusetzen, die ich verlange, um sie in die absolute berufliche und private Freiheit zu führen. Daher hat sich das etabliert, was anfangs nur als Möglichkeit für einzelne Teilnehmerinnen gedacht war: Die Frauen zahlen lediglich ein Drittel des Gesamtpreises, die anderen zwei Drittel werden durch eine Subunternehmertätigkeit erwirtschaftet. Praktisch heißt das, sie gehen in den ohnehin verpflichtenden Praxisfall und werden dabei von mir begleitet und unterstützt. Die Summe für die ersten 30 Stunden läuft über mein Unternehmen, weitere Einnahmen werden ausgezahlt. Damit widerspreche ich natürlich der Hochpreiscoachingbranche, in der die Meinung herrscht, je höher das Invest, desto höher die Motivation.

Meine Zielgruppe sind Frauen, die nicht nur aus eigenen Motiven diesen Weg wählen, sondern auch die Vision teilen einer Arbeitswelt voller Wertschätzung, die sich an den Lebensumständen und Ressourcen der Menschen orientiert. Die größte Motivation meiner Klientinnen ist und war nie Geld verdienen. Dass sie lernen, es einzuladen und dadurch mehr Zeit für sich und ihre Familie zu erschaffen, ist quasi der Nebeneffekt. Mit dieser wunderbaren Zielgruppe teste ich gerade ein Modell, bei dem das Startkapital völlig entfällt, den die Motivation und die Ideale der Frauen sind auch so verbindlich und hoch. Ich tauschte Bildung, Erfahrung und Kontakte gegen Arbeitskraft. Geld folgt der Freude. So entstanden all die Dinge aus meinem Warum. Für mich, meine Kinder und die gesamte Welt. Annehmen konnte ich sie durch innere Arbeit.

Eigentlich ist die Antwort auf die Frage: „Wie machst du das nur?" eine Gegenfrage: „Wie macht ihr das nur?". Ich habe keine Ahnung, wie eine Anstellung alleinerziehend mit drei Kindern funktionieren kann, ich weiß nur, dass mein Weg erstaunlich gut funktioniert.

Komm mal runter! Laptop-Aus und Social Media Verbote?

Bei uns gibt es ganz bewusst keinen klassischen Nachtisch, Die Kinder können ein Eis vor dem Essen oder einen Joghurt verdrücken, bevor sie etwas „Richtiges" essen.

Die meisten Menschen erleben ihre Arbeit als das „Richtige", quasi den Brokkoli unserer Lebenszeit. Wenn wir davon fleißig zulangen, steht uns etwas Süßes zu, was ja nicht wirklich notwendig ist. Leider leben viel zu viele Menschen Elternschaft ebenso. Mit einem erwachsenen Gesichtsausdruck, der unermüdlich versucht, allem zu genügen und auf mögliche Gefahren hinzuweisen, statt die Einladung anzunehmen, die Kinder ständig bieten und sich nicht enden wollenden Lachanfällen über pupsende Ketchupflaschen anzuschließen. Ich betrachte weder das eine noch das andere als den Brokkoli meines Lebens, die Grenzen zwischen Arbeit und Kraftauftanken sind fließend. Ich nehme Kraft tanken, Auszeiten, Me-Time, wie auch immer man es nennt, sehr ernst, besonders seit mein Geschenk auf der Welt ist, der ja ununterbrochen von mir begleitet, versorgt und getragen wird. Ein, zwei Mal durfte ich reinschnuppern in das Gefühl, wenn alles zu viel wird, die körperlichen Signale, der Verstand benebelt, jegliches Funktionieren ein enormer Kraftakt. Ich reagierte schnell, fürsorglich und klar. Gerade, weil Kinder, besonders Babys, sich und ihre Bedürfnisse nicht gut drosseln, geschweige denn zurücknehmen können, ist für mich eine selbstbestimmte und freie Arbeitsweise, die ich steuern kann, der entscheidende Faktor, der ein Ausbrennen verhindert.

Als mein kleinster drei Monate alt war, saß ich mit schlafendem Baby in der Trage im Café und war vertieft in meine Arbei am Laptop. Ich hätte fast die Abholzeit der Großen vergessen, mir blieben täglich 3,5 Stunden zwischen Bringen und Abholen, in denen natürlich auch das Baby von mir versorgt wurde. Zur Beschleunigung betrat ich das Café und bat um direkte Bezahlung, ich sei im Stress. Der Cafébesitzer sagte: „Wie untypisch." Ich dachte einen Moment lang ernsthaft darüber nach, verabschiedete mich und ging (trotz Zeitdruck) nochmals zurück und fragte ihn direkt, ob er mich gerade verarsche oder das ernst meine? Ich konnte es überhaupt nicht einschätzen. Mein Alltag war zeitlich eng getaktet, ich nutzte jede freie Minute um darin Arbeit, Haushalt und das Abholen der Kinder unterzubringen, stand um 5.00 Uhr auf und ging nie vor 23.00 Uhr ins Bett. Arbeitete nachts, funktionierte weiter, unabhängig davon, ob ein Kind krank war oder Ferien hatte. War ich gestresst? Ich hatte noch gar keine Zeit gefunden, darüber nachzudenken. Ich fragte nach. Er versicherte mir, dass er dies völlig ernst meine und bei mir alles leicht wirke. Dieser kurze Austausch ließ mich völlig ankommen in diesem neuen Leben. Ich hatte alles so umgesetzt, dass es aufging, aber vergessen, das von mir geschaffene schöne Leben voll zu genießen und zwischendurch innezuhalten. Seitdem ließ ich den Laptop immer häufiger zuhause und trank gerne mal einen Kaffee einfach so, träumend. Doch immer ein Notizbuch neben mir, denn besonders dann sprangen mich die besten Businessideen an. Ich setze keine strenge Grenze, weder von Auszeit und Kinderbetreuung, noch von Arbeit und Freizeit. An manchen Tagen arbeite ich bis in die Nacht, an manchen gar nicht. Während andere durch Social Media scrollen, um vor ihrer Realität zu fliehen oder ihre Arbeit zu vergessen, ist dies meine Arbeit, mit der ich Geld verdiene. Meine Arbeit ist für mich Selbstverwirklichung und entgegen der üblichen Meinung über Arbeit füllt sie mein Energiefass auf. Als ursprünglich Ergotherapeutin glaube ich, dass allen Menschen das Gefühl guttut, etwas zu erschaffen, was Bedeutung hat, Dinge, die wir gut können, einsetzen, um Erfolge einzufahren. Leider sind die wenigsten Arbeitsplätze nach diesem Topf-auf-Deckel-Prinzip geschaffen. Eine klassische Anstellung (in meiner Branche und auch grundsätzlich) schließe ich mittlerweile wirklich komplett aus. Damit wäre mein Maß an gebender Energie zum Arbeitsende erreicht, alles darüber hinaus würde mich anstrengen. Nachvollziehbar, dass so viele am Abend die „Auszeit" von ihrer Elternschaft kaum erwarten können. Interessanterweise kommen selten Menschen auf die Idee, an anderen Stellschrauben, wie zum Beispiel der Arbeit, zu drehen, wenn Eltern-Sein sich schwer anfühlt. Nein, ich verteufle nicht per se jegliche „Fremdbetreuung". Ich kritisiere aber klar die Situation, dass Eltern das Gefühl haben, nicht wählen zu können, welche Betreuungsform sie wie lange wählen. Für mich ist mittlerweile unvorstellbar, so viel Zeit an Orten und mit Dingen zu verbringen, die mich langweilen, mich über- oder unterfordern, teilweise nicht meinen Werten entsprechen, um meine Kinder an Orte zu bringen, wo sie vielleicht auch gerne weniger Zeit verbringen würden.

Ich möchte meine Kinder und mein Leben genießen, jederzeit. Neben Sport, der sich aktuell noch auf 15 Minuten Yoga begrenzt, ist auch gutes Essen eine tägliche Bewusstheits- statt Auszeit, die unverhandelbar ist. Mich gut zu versorgen ist kein Luxus, sondern eine der obersten Prioritäten: Ohne mich klappt das ganze Kartenhaus zusammen.

Apropos Zusammenklappen: Ein häufiger Satz meiner Mutter und bestimmt vieler anderer: „Ich kann nicht mehr." Auf diese doch erschreckende Aussage folgte welche Konsequenz? Richtig, gar keine. So sah ich als Mädchen unzählige Male, dass frau bitte erst nicht mehr zu können hat, wenn das Abendessen fertig ist, die Küche zumindest einigermaßen aussieht und alles für den nächsten Tag organisiert ist. Dann kann sie sich in der Badewanne oder auf der Couch erholen. Dies vorgelebt von einer Generation, für die eine Berufstätigkeit der Mütter in heutigem Umfang, geschweige denn eine berufliche Erfüllung, die Ausnahme war. Wir sind die erste Generation Frauen, die unser Wirken in der Welt ebenso ernst nehmen, wie die Bedürfnisse der Kinder und natürlich unsere eigenen. Ich finde, wir Frauen dürfen uns an dieser Stelle viel mehr ein Ausprobieren, Anpassen und Experimentieren erlauben und vor allem Spaß. Seit ich meine Arbeit wie ein riesiges Monopoly-Spiel betrachte, nehme ich auch das Leben spielerischer und meine standardmäßige Mutter-Sorgenfalte ist ganz vielen Lachfalten gewichen.

In der Branche, die ich beruflich wählte, wurde darauf gebaut, dass (überwiegend Frauen) dafür sorgen, dass wacklige Kartenhäuser nicht zusammenfallen. So viele Mitarbeiter/innen, die zum Wohle der Menschen, die sie brauchen, ihr „Ich-kann-nicht-mehr" übergehen. Ich habe schon Frauen am Arbeitsplatz gecoacht, denen morgens um 6.00 Uhr bei Dienstbeginn Tränen der Erschöpfung und Überforderung über die Wangen liefen, weitermachend in dem Wissen, dass sie die einzige examinierte Kraft sind. Nein, das auf ein Helfersyndrom zu schieben, ist weder fair noch zutreffend.

Meilenweit ist meine jetzige Arbeitswelt von der mit gierigen, halben Zigarettenpause mit Blick auf die Uhr entfernt, bei der ich mich morgens schon fragte, wie dies alles möglich sein sollte. Der ersehnte Urlaub als Auszeit, der diverse Krankheiten anspülte, so dass es viel Glück brauchte, um die Akkus aufzuladen. Nein, solche Auszeiten gibt es nicht mehr für mich. Meine Akkus lade ich auf, indem ich wunderbaren, talentierten und inspirierenden Frauen Auswege aus dieser Misere zeige.

Veränderung beginnt im Inneren und in den letzten Jahren durfte ich meine Lehrmeister in meinen Kindern finden. Wir entspannen uns manchmal alle zusammen, ich tippe, mit dem schlafenden Baby auf dem Schoss, mein Sohn liest Comics, meine Tochter macht Bügelperlenbilder und mein Herz geht auf. „Aber das geht mit meinen Kindern nicht", hätte ich vor zwei Jahren noch gesagt. Doch ich habe meine Kinder herangeführt an eine Mutter, die nicht die unglaubliche „Superwoman" ist, sondern müde ist, schlecht gelaunt, wenn sie hungrig ist, und mitten im Chaos auch mal auf der Couch liegt, bevor sie nicht mehr kann. Ich mache das, was meine Kinder immer machen: die eigenen Bedürfnisse sehr ernst nehmen. Manchmal spiele ich nicht mit, weil ich keine Lust habe, manchmal spiele ich mit, weil ich keine Lust auf die Konsequenz der Ablehnung habe und meistens finden wir ein Spiel, das uns allen passt. Und nein, ich teile nicht alles, was ich esse, da ich genauso wichtig bin wie meine Kinder.

Ich brauche keine klassische Auszeit von meinen Kindern, ich muss die Mutterrolle nicht einmal ablegen, da ich nie nur Mutter, sondern immer auch ich selbst bin. Wir leben sehr gut miteinander, auch da mit einer Prise Lockerheit und der Freude am Moment. So sitze ich mit meinen Freundinnen manchmal an Sommertagen bis spät abends im Restaurant, während meine Kinder in einem Gebüsch spielen und der Kleine auf mir schläft. Natürlich dreht auch mir eines der Kinder ziemlich sicher durch, wenn wir um 22 Uhr nach Hause stolpern. Dann legen wir eine Matratze für alle auf den Boden, die Kinder können schwarz vor Dreck, wie sie sind, in ihren Klamotten schlafen und ich beziehe am nächsten Tag das Bett neu. Ja, auch Zähneputzen fällt dann aus. Ich konzentriere mich auf den wunderschönen, kraftgebenden Abend, den wir alle hatten, ein kleines Drama ist ein fairer Preis dafür.

Ich verbiete mir auch nicht mehr, am Wochenende zu arbeiten und dadurch meine Kreativität auf Montag bis Freitag zu begrenzen. Ebenso erlaube ich mir, am helllichten Tag zu baden oder mein Diensthandy mal drei Tage lang auszulassen, nur, um mir immer wieder zu zeigen, dass dies möglich ist und damit ich meine Freiheit vollumfänglich spüren kann. Freelancer-Leben bedeute für mich, frei zu sein von Dogmen, wie viel Schlaf, wie viel Ruhe, wie viel Aus- und Arbeitszeit Menschen brauchen. Ich erzähle mir nicht die Geschichte, dass es ungesund sei, „zu viel" zu arbeiten, ich folge der Freude und genieße, was ich tue. Beides geht bei mir Hand in Hand. Ich denke und spreche in meiner „Freizeit" viel über meine Arbeit, aber nicht darüber, wie blöd meine Kolleginnen sind, dass ich zu wenig Urlaub habe oder ähnliches. Sondern, welche Ideen ich habe, was ich tun kann, um meine Klientinnen noch besser zu begleiten und ich werfe wöchentlich alle Ideen über Bord, weil mir so viele neue kommen.

Ich lebe meine Vorstellung von Freelancer-Leben, nicht von Freelancer-Arbeit. Der Rest ergibt sich.

16. BEZIEHUNG ZUM KIND

Ein Klumpen voller Liebe, Schimpfen und Spaß

Wir sind. Einfach. Meine Familie ist ein kleiner Stamm, in dem jeder mehrere Spitznamen entsprechend seiner Eigenschaften hat. Naja, außer mir, aber ich bin ja auch das Stammesoberhaupt und vergebe die Namen. Neben unseren Spitznamen haben wir auch schon intensiv über Superheldenkräfte gesprochen, die wir gebrauchen könnten. Wenn ich mich mal nicht wie die Anführerin unseres Stammes fühle und verhalte, sondern einfach eine Motzpiepe bin, erinnern mich die Kinder daran, mich in „Relaxie" zu verwandeln. Manchmal klappt es, manchmal macht es mich richtig wütend und ich brülle wie eine Kriegerin vom Stamm der Eyles. Unsere weiteren Superkräfte sind „schneller Blitz", wenn wir es wirklich eilig haben und „Verwandlie", der Wut verändern kann, gegen die andere machtlos sind. Gespannt erwarten wir alle die Superkräfte des Kleinsten.

Zu sehen ist unsere Sippe meist nur als ein Familienklumpen, jeder Einkauf, jedes Spiel – alle vier sind anwesend und das sehr gerne. „Wir reichen uns", sagte vor kurzem eine enge Freundin in einem gemeinsamen Urlaub über uns, aus dem wir uns immer wieder zurückzogen, um zum Beispiel zu viert wandern zu gehen. Ich übte Fahrrad fahren mit meiner Tochter, während ich den Kleinen im Tragetuch stillte, führte einen Zoom-Call mit der Lehrerin meines Sohnes, während ich im Krankenhaus Wehen veratmete und bringe den Kleinen nie alleine und mit Ruhe ins Bett. Wir sind uns nah, körperlich und auf anderen Ebenen. Wir besprechen, was den anderen bewegt und auch ich bringe kindgerecht meine Themen mit ein. Nicht, weil ich meine Kinder als Gesprächspartner brauche oder Lösungen erwarte. Zum Glück habe ich tolle Freundinnen. Sondern, damit sie mich einschätzen können und sehen, dass wir uns Authentizität und Empfindungen erlauben dürfen. Ich gestehe es ihnen zu, mir selbst aber auch. Es gibt natürlich auch Tage, an denen ich mich wie die schlechteste Mutter der Welt fühle. Ich bin unfair, anklagend und spreche zu laut. Okay, ich schreie sie an. Glücklicherweise sind diese Situationen wirklich die Ausnahme, doch es gibt sie, Krankheit, chronisch zu müde, Sorgen im Business, Unterhaltskampf… manchmal liegen die Nerven blank. Doch diese Tage kann ich an einer Hand abzählen. Wir leben eher wie eine unglaublich coole WG. Ich habe am meisten Arbeit und die volle Verantwortung, was auch anstrengend ist, aber sonst eine WG, in der keiner putzt.

In meiner ersten Schwangerschaft habe ich ein Buch gelesen, dass mich nachdrücklich beeindruckt hat: In „Auf der Suche nach dem verlorenen Glück"[2], beschreibt Jean Liedloff, die bei einem traditionellen Stamm lebte, wie sich das Verhalten der Kinder dort von dem in unserem Kulturkreis unterscheidet. Trotzdem dachte ich bei meinem Erstgeborenen, ich müsste ihn zu einer gewissen Zeit abstillen, irgendwann ins eigene Bett legen und ihn wie eine Wahnsinnige von allen Steckdosen des Landes fernhalten. Manchmal entschuldige ich mich noch heute im Geiste bei meinem Siebenjährigen für einige unnötige Machtkämpfe. Meine persönliche und berufliche Entwicklung brachte mich dazu, immer mehr Dinge zu hinterfragen. In unserem Stamm gibt es gar kein: „Weil man es eben so macht", aber auch kein bedingungs- und gnadenloses Richten nach (kindlichen) Bedürfnissen. Wie ich erziehe? Wie nichts, was einen Namen trägt. Mit offenem Herz und einem Verstand, der immer wieder bereit ist, zu hinterfragen, ob dies gerade richtig ist. Ich kümmere mich recht wenig um die „unangebrachten" Verhaltensweisen eines der Kinder, sondern versuche, dahinter zu schauen: Was braucht mein Kind, was beschäftigt es? Ich glaube, das macht unseren Spaß am Familienleben aus: Wir sind absolut authentisch miteinander, sind ein Team, in dem jeder und jede ernst genommen wird, aber im Zweifel habe ich das letzte Wort.

Ich gestehe, anfangs war ich manchmal eifersüchtig auf den Vater meiner großen Kinder. Vor wie nach der Trennung hatte er den aufregenden Part, ganz ohne Erziehungs- und Alltagskram. Mittlerweile kann ich sehen, dass Er- und Beziehung in genau diesen Alltagsdingen liegt. Mit jeder Brotdose, die ich seit sieben Jahren fünfmal pro Woche zubereite, zeige ich meine Liebe. Mit jeder fast vollen Dose, die ich abends im Müll entsorge, zeige ich meinen Ärger. Wie bei einem Stamm, bin ich der Überzeugung, dass Kinder an das wahre Leben herangeführt werden wollen. Miterleben lassen, eine Ja-Umgebung schaffen und Raum zum Entdecken geben, dann, wenn er gebraucht wird, ist meine Devise. Ich werde belohnt mit Kindern, die absolut kreativ sind und sich mit drei Sofakissen stundenlang beschäftigen können. Mama als Leuchtturm im Hintergrund. Ich habe meine Kinder unglaublich gerne um mich und sie werden mir auch selten zu viel. Wahrscheinlich auch, weil ich es nicht als meine Aufgabe sehe, sie zu bespaßen oder zu unterhalten.

Doch bei all dem Familienklumpen, dem zusammen Streiten, Lachen und Leben, ist mir eins immer besonders wichtig: Jedem Kind einzeln Raum zu geben, sie als Individuen zu betrachten. Diese wundervollen Charaktere, mit all den Lerngeschenken, die sie für mich und die Welt im Gepäck haben.

So wählt meine mittlere Räubertochter mich als Vorbild und will später so sein wie ich, wenn ich nicht gerade eine Scheiß-Mama für sie bin. Sie ist unglaublich diplomatisch, steht selbstbewusst für sich ein und manchmal schmollt sie gern und mag es, wenn ich sie „umwerbe". Sie hat sehr gelitten unter der Trennung und tut es bis heute. Wenn Freundinnen mich fragen, wann der richtige Zeitpunkt zur Trennung war, antworte ich: „Als ich mir zu hundert Prozent sicher war, dass es gar keinen Hoffnungsschimmer mehr gibt und gar keinen Zweifel auf Veränderung dieser Situation. Sonst hätte es mich kaputt gemacht zu sehen, wie sehr mein Kind leidet". Ich lernte durch die Räubertochter, dass Dinge ihren Raum und ihre Zeit brauchen. Sie ist eifersüchtig auf meine beste Freundin und versteht da wirklich keinen Spaß. An manchen Tagen fühlt es sich wirklich wie Freundschaft mit einer Fünfjährigen an, ich lasse mich ein, auf ihre Welt voller Glitzer, matschiger Hände und Wackelaugen. Mein Pädagoginnen-Ich hätte sehr skeptisch auf eine solche „Freundschaft" geschaut, mein jetziges Ich genießt und denkt über sowas nicht nach, während wir uns die Nägel lackieren.

Kommen wir zu meiner persönlichen Michel-aus-Lönneberga-Version, meinem Erstgeborenen, „Lausi" genannt. Er zeigt mir und der Welt, dass Grenzen nicht hingenommen werden müssen und versetzbar sind. Dies war schon sehr früh spürbar, mit einem Energietyp geboren, den man leben lässt oder bricht. Da er nicht nur auf Begeisterung gestoßen ist und ich seinen Schmerz darüber gespürt habe, habe ich es sogar fast geschafft, eine Schule zu gründen, die dem entspricht, was ich mir wünsche: Dass Kinder dabei begleitet und unterstützt werden, die Menschen zu werden und zu bleiben, die sie sind. Lausi und ich ticken in Bezug auf sehr viele Dinge ähnlich, so wurde mir beim ersten Elternabend gesagt: Nicht jeder kann eine ICH-AG sein. Ich und meine ICH-AG schmunzelten. Ich verstehe ihn sehr gut, was es für beide nicht immer einfach macht, da ich statt ihn auszugleichen, meist sehr ähnlich reagiere und fühle. Ich versuchte sehr lange erfolglos seine Welt und sein Anecken zu erleichtern. Ich lernte durch ihn, dass dies gewollt ist und es ausreicht, wenn ausgewählte Menschen hinter seine selbstbewusste Fassade schauen, um den Rest schert er sich einfach nicht.

Last but not least: Mein kleines Geschenk. Ich glaube manchmal, dass ich drei Kinder brauchte, um das Lieben so richtig, richtig zu lernen. Ganz sicher lernte ich durch ihn, im Hier und Jetzt zu sein. Die Momente zu genießen, statt der vollen Spülmaschine oder Sorgen hinterherzulaufen. Er brachte eine Ausstrahlung mit sich, die Menschen in ihren Bann zieht und auf der Straße stehen bleiben lässt. Dieser Charme, der ihm das gibt, was ich ihm in seinem ersten Jahr nicht immer geben konnte: Ungeteilte Aufmerksamkeit. Er wuchs zwischen Zoom-Calls und Telefonaten heran, schlug er nachts die Augen auf, war ich meist am Laptop. Er nährt sich intensiv an mir und ich gebe. Waren all meine Kinder Tragekinder, lebt er seit neun Monaten gefühlt auf mir mit einem unbändigen Verlangen, gekuschelt und gestillt zu werden. Anfangs schaltete sich mein schlechtes Gewissen ein, mahnte, der Kleine sauge alles von mir auf, weil er zwischen Arbeit und Geschwistern zu kurz komme. Bis meine Hebamme so liebevoll sagte: Die Dritten machen alles mit, aber die Nacht und die Brust gehört ihnen. Auch während ich arbeite, liegt er auf mir, schläft oder trinkt und genießt es, dass ich zwei Stunden lang nicht auf die Idee komme, ihn abzulegen.

Das Stillen war anfangs schwer vereinbar mit meinem Alltag, dem Wegbringen und Abholen der Geschwister, den Erledigungen und Terminen. Als ich herausfand, wie ich ihn in der Trage anlegen konnte, tat sich gefühlt der Himmel auf. So nutzen wir die Wege durch Köln zur Nahrungs- und Liebes-Aufnahme. Dies gelingt mir so dezent, dass für den Rest der Welt nicht ersichtlich ist, dass ich die meiste Zeit des Tages barbusig unterwegs bin. Für mich fühlt es sich wirklich an, wie eine Ureinwohnerin unseres Viertels zu leben, mitten in der Stadt. Stolz, friedvoll, habe ich das Glück gefunden.

17. THE NEW ME

Manege frei, hier komme ich!

Um mein jetziges Ich zu verstehen, möchte ich gerne nochmals zurückgehen, meinen inneren Weg aufzeigen.

Nach der Geburt meines ersten Kindes verfielen mein Ex-Partner und ich in Rollen, die bis heute alle mir bekannten Paare durchleben. Einer geht arbeiten und für den anderen verändert sich die ganze Welt: Zwischen Mental Load, der Idee, Hausfrau des Jahrtausends zu sein und diesen seltsamen neuen Gefühlen einer Mama. Ich erwartete vieles, wurde enttäuscht, reagierte verbissen, machte mein Ding, der Rest ist bekannt. In diesem Frust stolperte ich über eine Postkarte, schwarzweiß, mit einer völlig gelangweilten Dame an einer Bar und dem bunten Aufdruck: „Du musst dir schon selbst Konfetti in dein Leben streuen". Ich hängte die Karte an den Badezimmerspiegel und hielt mich daran, suchte nach dem Konfetti und fand es, in so vielen Dingen, in Gedanken und Menschen, immer häufiger. Mittlerweile gibt es sehr viele Konfetti-Postkarten in meinem Leben, denn mein Freundeskreis assoziiert dieses wunderbare, Freude bringende bunte Geschnipsel mit mir. Konfetti war sozusagen der Start meiner Reise in die Eigenverantwortung.

Vier Jahre später, bereits getrennt und noch in der gemeinsamen Wohnung, hatte ich das Konfetti vergessen und meinen Platz des Opfers im Dramadreieck eingenommen. Ja, es waren sich alle einig, dass ich echt in einer blöden Situation war, oh wie schön ich mich darin suhlen konnte. Wenn Opfer und Täter klar sind, ist der Platz des Retters leider für die Kinder offen. Auch da gab es diesen Punkt, ähnlich der Postkarte, an dem ich ganz klar wusste: ich kann wählen, und zwar genau jetzt, ob ich mein Leben in die Hand nehme oder in dieser Position verharre. Diesmal hörte ich einen Podcast von Robert Betz. Laut ihm sagen viele Frauen: Mit meinem Partner an der Seite konnte ich nie wirklich ich selbst sein. Ja genau, stimmte ich innerlich zu. Selbst die banalsten Dinge waren herausfordernd, wollte ich doch seit Jahren diese Wohnzimmerwand, auf die ich damals gerade blickte, streichen, aber mein Partner wollte ja nicht. „Hat er Sie ans Bett gefesselt und Ihnen verboten, Sie selbst zu sein?" Nein, natürlich nicht, dachte ich. „Also hätten Sie jederzeit tun können, was Sie wollten?" Shit. Das stimmte. Ich hätte jederzeit mein Leben verändern können, keiner hätte mich aufhalten können. Ich Närrin, schämte ich mich und wurde zugleich wütend auf mich, so sehr hatte ich mir leidgetan. Doch jetzt war Schluss, das Opferdasein würde ich im alten Leben zurücklassen. Ich fuhr zum Baumarkt, kaufte Farbe und Pinsel und strich die Wand. Strich sie unbeabsichtigt in der Farbe der Freiheitsstatue. Na, wenn das kein Zeichen war. Ich wusste, dass ich, sobald ich eine Wohnung hätte, ausziehen würde, dass diese Wand bald aus meinem Sichtfeld verschwinden würde. Doch ich musste spüren, dass es jederzeit möglich gewesen wäre und ich zu jeder Zeit frei gewesen war. Vier Wochen später zog ich aus.

Der Umgang mit meiner Rolle als Alleinerziehender und meine Erfahrungen im Business gehen tatsächlich Hand in Hand. Mein Business ist Heilung pur für mich, ich zeige mich der Welt, mit meinen Mängeln und voller Individualität. Trete in die Manege und empfange Bewertungen. Ich schrieb dieses Buch, mit dem Bild der jonglierenden Bärin, das meinen Alltag einerseits so sehr beschreibt, mir aber an anderer Stelle immer wieder aufgestoßen ist, erst dezent, dann immer deutlicher.

Ich lernte vor allem eins in den letzten Jahren: Loslassen, immer wieder, halte inzwischen weder an dem Gefühl von Ablehnung, Verurteilungen, noch an starren Plänen fest. Ja, auch die Rolle der Zirkusbärin, die man bewundert, aber der gegenüber auch immer ein Hauch Mitleid mitschwingt, lasse ich los. Die Wahrheit ist, dass es mir nicht ganz so leicht fällt, denn der Applaus ist mir gewiss. Erstaunlich oft werde ich von anderen Menschen angesprochen. Ich sehe so „frisch" aus. Wie ein Fisch an der Theke, von dem man doch weiß, dass er eigentlich schon etwas zu lange liegt...

Ich streife jeden Tag mehr alte Geschichten ab, Geschichten meiner Herkunft, meines ach so harten Weges, jedes „Wie schaffst du das nur?". Ich möchte nicht mehr diejenige sein, die mit ihren Kindern im Restaurant sitzt und bei der diese Tatsache schon als bewundernswert angesehen wird. Nicht die, die es „trotz" drei Kindern geschafft hat, etwas aufzubauen. Die erstaunlicherweise frisch aussieht. Nicht mehr die Bärin, die es überraschenderweise schafft, glücklich zu wirken. Meinen Käfig und jegliche Art von Dressur habe ich schon lange hinter mir gelassen, nun auch das Mitgefühl, das ich nicht brauche und nicht will. Alleinerziehend zu sein ist für mich kein Manko. Jedes meiner Kinder war in keiner Sekunde meines Lebens ein Hindernis, weil ich sie nie dazu gemacht habe oder als Ausrede verwendet habe, auf meine Träume und Wünsche zu verzichten. Oder um an etwas festzuhalten, was mich unglücklich machte. Ich bin die Bärin, die ganz bewusst auf den Ball steigt, weil es ihr Spaß macht, die jongliert, aber mittlerweile auch die Bälle mal hinlegt oder ihr Tempo drosselt. Ich beherrsche meine Manege und lade mir das Publikum, nicht weil ich es muss, sondern weil ich es mag, für andere zu tanzen. Ich möchte so vielen Frauen, die kurz davor sind, das Helfen aufzugeben oder Müttern, die denken, als Alleinerziehende sei irgendetwas nicht möglich, eine Alternative aufzeigen.

Es geht anders. Wähle selbst, welche Manege du bespielst und welche Show du zeigst. Mir persönlich ist das Publikum egal geworden, zahlende Gäste dürfen gerne nach der Show nörgeln und mich als zu laut oder zu auffällig beschreiben. Kinder kuscheln sich an mich und erfreuen sich, Menschen finden zu mir, die das Tanzen, die Freude an dem, was sie tun, wieder lernen wollen. Mein neues Selbst weiß jedoch: Meine Manege gehört mir. Ein Überschreiten meiner Grenzen oder das Abladen von Schutt in meinen Räumen wird nicht (mehr) geduldet. Als Bärin bin ich mir meiner Kraft bewusst, brauche sie nicht zu demonstrieren. Ich wähle diesen Weg, ich muss ihn nicht gehen. Jeden dieser Bälle, mit denen ich jongliere, halte ich ganz bewusst in der Luft. Ich könnte mehr Babysitter, längere Kitabetreuung, gar keine Arbeit, mehr Arbeit wählen. Ich bin die Jongleurin in meiner Manege und ja, an dieser Stelle danke ich einigen „ganz besonders hilfreichen Menschen", ohne die ich mich vielleicht nie getraut hätte, die Manege zu betreten.

Tatsächlich kostete es mich Mut, mein neues Ich zu leben. Doch der Mut zahlt sich aus. Ich bin immer mehr ich, frei von allen Masken und Begrenzungen. Lasse Dinge und Geld los, damit sie potenziert zu mir zurückkommen können. Es gibt keine offizielle, seriöse Arbeitsversion von mir, es gibt nur mich. Mein jetziges Ich ist absolut authentisch, auch oder besonders meinen Kindern gegenüber. Sie bekommen sehr wohl mit, wie es mir gerade geht und ich erlaube mir, meine Gefühle ebenso zu leben, wie sie es tun. Reinspringen, wie in eine Pfütze, sich dem Ärger, der Wut, der Freude hingeben und wieder rausspringen, es gut sein lassen. Ich lerne durch meine Kinder im Jetzt zu sein. Wenn jetzt alles schön ist, dann meckere ich nicht, mit dem Gedanken daran, wer das in Zukunft aufräumt. Mein neues Ich verhält sich nicht aufopfernd, weder als Mutter noch als Helferin, und versteckt sich nicht hinter Bescheidenheit und Altruismus. Ich liebe das Wort Altruismus. Es bezeichnet das uneigennützige, selbstlose Verhalten, das Aufopfern für andere. Sehr gut zu sehen in Kitas, Krankenhäusern, Therapiepraxen und bei Müttern in freier Wildbahn. Um den Altruismus vollständig zu machen, muss er natürlich gesehen und wahrgenommen werden. Ich betrachte das Glas konsequent halbvoll, auch das ist ein Ergebnis aus Grundcharakter und intensivem Training. So sehe ich den riesigen Vorteil Alleinerziehender darin, dass es keine Bühne für diese Aufopferung gibt, Kinder seit jeher unbeeindruckt auf mütterliches Getue reagieren. Ich ließ das, scheinbar stark sozial geprägte, Verhalten als Frau, gefallen zu wollen, hinter mir.

Statt Bescheidenheit wähle ich heute, alles haben zu wollen. Jahrelang war mein Credo „Recht haben oder glücklich sein", was ich mittlerweile als Selbsttäuschung ansehe. Dieses Entweder-oder-Denken ist eine Einladung, sich selbst und die eigene Vision klein zu halten. Ich will beides. Situationen annehmen und sie trotzdem scheiße finden können.

Sehr beeindruckt hat mich eine Interpretation des bekannten Bibelverses: „Wenn jemand dich auf die rechte Wange schlägt, dann halte ihm auch die linke hin". Mein altes Helfer-Ich, die Mutter, die verständnisvoll lächelte, wenn ihre Grenzen überschritten wurden und sich ständig gefragt hat, warum sie toxische Menschen anzieht, interpretierte dies als: „Nimm alles hin und stehe drüber". „Jesus hat nicht gesagt: Gib klein bei, sondern zieh durch", hörte ich dagegen in einem Podcast[3] die Worte von Andy Uliczka, die mich nachdrücklich beeindruckten.

Ich bin nicht Jesus, aber ich bin eine Frau, die alles will, kein Entweder-Oder. Ich bleibe stehen, halte die andere Wange hin, weder mit zum Angriff gerecktem Kinn, noch mit bescheiden gesenktem Blick. Ich bleibe stehen, will das schönste Leben, ohne Kompromisse, ohne Wenn und Aber. Für mich, meine Klientinnen und die drei wichtigsten Menschen in meiner Welt. Alles ist möglich in diesem Leben. Du darfst zugreifen. Mein „C'est la vie!" schreie ich voller Freude in die Welt, statt mit Resignation, die Hände voller Konfetti.

Deine Einladung zum Freelancer-Leben

Vielleicht denkst du dir an der Stelle: „Hört sich ja spannend an. Aber wie soll das für mich als Tagesmutter, Krankenschwester oder Logopädin funktionieren?" Eventuell denkst du auch: „Interessant, aber nichts für mich." Auch okay. Wenn du jetzt jedoch nicht mehr denkst: „In unserer Branche ist kein Freelancer-Leben möglich" oder „Alleinerziehend und selbstständig passt nicht zusammen", hat dieses Buch seinen Sinn erfüllt.

Zuerst lade ich dich an dieser Stelle herzlich in meine kostenlose Facebookgruppe *„Als selbständige Helferin zum Freelancer-Leben"* ein. Sie ist der Dreh- und Angelpunkt meiner Arbeit, ich beantworte dort eure Fragen, gebe regelmäßig Impulse und informiere über Workshops und weitere Angebote.

In Bezug auf das Freelancer-Leben haben wir alle unterschiedliche, und doch sehr ähnliche, Bilder im Kopf. Mir kommen sofort die Reisen mit meinen Kindern, das Kuscheln bei Kinderkrankheiten und meine Freude, wenn ich mit meinen Klienten und Kundinnen auf ihren Erfolg anstoße, in den Sinn. Ach ja, nicht zu vergessen, das Bummeln ohne Uhr, beim Mittagessen im Restaurant oder am Morgen. Was sind deine Bilder? Als alleinerziehende Mutter bin ich mir der Verantwortung, die wir uns selbst und unseren Kindern gegenüber tragen, natürlich äußerst bewusst. Wenn du ganz schnell das große Geld suchst, oder nächste Woche alles hinschmeißen willst, bist du bei mir falsch. Wenn du einen langfristig stabilen Weg suchst, der dich ruhig schlafen lässt und dir die Möglichkeit gibt, dein Potenzial voll zu entfalten, bist du bei mir richtig. Meine Arbeit fokussiert sich auf folgende Hard Facts, um dein Freelancer-Leben zu erschaffen:

1. freie Zeiteinteilung, spontan und flexibel

2. selbstbestimmtes Arbeiten, unabhängig von wechselnden Gesetz-
gebungen oder Kostenträgern
3. Intensives, erfolgsversprechendes Begleiten weniger Klientinnen mit
punktueller Unterstützung, wo sie gebraucht wird und fruchtet.
Zehn Kunden im Jahr, statt am Tag

Du findest das spannend, aber kannst dir nicht vorstellen, wie es
für dich funktionieren kann? Die gute Nachricht: Damit bist du
nicht alleine. Die noch bessere Nachricht: Wir helfen dir dabei,
kostenlos und unverbindlich. Sprich, beziehungsweise schreib uns
doch einfach an, über die **Facebookgruppe:**
https://www.facebook.com/groups/freudeanderarbeitundzeitfuerdich
oder meine **E-Mail:** *Sarah@saraheyles.com*
oder über **Instagram:** *Sarahmachtseinfach.*

Gemeinsam schauen wir nach deinen Zielen und deinen Herausforderungen. Nein, du kaufst keine Waschmaschine oder die Katze
im Sack. Haben wir das Gefühl, dass deine Basis schon besteht,
sprich, du hast Erfahrungen oder Wissen, das viele Menschen da
draußen gerne hätten, könnte das Be-You-Business für dich interessant sein. Dort wirst du dieses Wissen in ein stabiles Angebot
verwandeln und dir eine freie, unabhängige Arbeitswelt, entsprechend deiner Träume, erschaffen.

Hast du eine solche Basis noch nicht, ist ein wunderbarer Einstieg
in das Freelancer-Leben eine Tätigkeit als „Jobcoach Inklusion".
Jobcoaching ist eine individuelle und direkte Unterstützung von
Menschen mit Schwerbehinderung jeglicher Art, zur Gewährleis-
tung der Teilhabe am Arbeitsleben. Ganz konkret wird ein Jobcoach
am Arbeitsplatz tätig, unterstützt Betrieb und Klientinnen und
Klienten bei einer ganzheitlichen Lösung zur Inklusion. Jobcoaching
ist eine begrenzte Maßnahme, die in der Regel zwischen drei und
sechs Monaten andauert, der Jobcoach ist ein bis zweimal pro
Woche für etwa zwei Stunden vor Ort. **Mehr Infos findest du hier:**
www.jobcoaching-inklusion.de

Ich bilde Frauen aus Helferberufen in diesem Job aus und begleite sie beim Einstieg in das Freelancer-Sein: ganz praktisch und in Bezug auf ihre innere Haltung. Da sich in meiner Welt Arbeit an unserem Leben orientiert, findet meine Arbeit online statt, parallel werden in der Weiterbildung schon 30 Stunden in einem ersten „richtigen" Fall geleistet. Am Ende bist du bereit für die Freelancer-Welt und wählst, ob du, als Jobcoachin, deine Fälle über mich erhalten möchtest oder selbst deine Angel auswirfst. Angelanleitung und Einweisung inklusive.

Vorsicht: Diese Wege können und werden bestimmt einiges in deiner Welt verändern. Ich lache definitiv mehr und bin deutlich entspannter geworden, eine „gechillte Mutter", um es in den Worten meines Siebenjährigen zu sagen. Ein schöner Nebeneffekt ist, dass das berufliche Einstehen für die Rechte von Menschen, die Unterstützung brauchen, auch sehr heilsam bei der Verarbeitung toxischer Beziehungen ist. Ebenso habe ich das Feuer für meine Berufung wiedergefunden, ohne die Gefahr des Ausbrennens. Doch ich möchte ehrlich sein: An der ein oder anderen Stelle wird es vielleicht auch mal ungemütlich und du musst dich wirklich ins Zeug legen.

Daher ist die wichtigste Frage, die du dir stellen solltest: Was ist dein WARUM?! Warum möchtest du diesen Weg gehen?

Mein „Warum" war die selbstbestimmte Betreuung meiner Kinder. Mein Sohn, der mit der Schule nicht richtig warm wird, der heute früh nach Hause kommen kann und auf eigenen Wunsch alle Ferien zuhause verbringt, statt in der Betreuung. Eine Räubertochter, der dadurch ein Wechsel in eine Kita, die sie besser unterstützt, ermöglicht wurde, mit erneuter Eingewöhnung von sechs Wochen. Einer Mutter, die nach Vormittags-Terminen Zeit hat, noch eine Waffel auf dem Wochenmarkt mit ihr zu essen. Das kleine Geschenk, das so unglaublich schnell groß wird, das zweieinhalb Jahre bei Mama sein kann. Gelegentlich unterstützt von wunderbaren Babysitterinnen, die für einzelne Stunden so viel verlangen, wie eine 40h-Betreuung kosten würde und jeden Cent davon wert sind.

Eine Mutter, die ihre Freude an und mit ihren Kindern wiedergefunden hat, es genießt, wenn alle um sie herumschwirren und sich jeden Tag auf noch mehr Dummheiten einlässt. Die vorlebt, dass Arbeit nicht das Unliebsame ist, das man eben erledigen muss, sondern Spaß, Begeisterung und Mehrwert bringen kann. Eine Mutter, meilenweit entfernt von Selbstaufgabe, eine Frau, die sich die Welt macht, wie sie ihr gefällt und mit ihren Kindern immer wieder auffällt, aufgrund gemeinsamer Lachanfälle. Ich stehe dafür, ein Freelancer-Leben nicht trotz unserer Kinder aufzubauen, sondern WEGEN ihnen.

Bevor du dieses Buch zuschlägst, schnapp dir doch einen Zettel und Stift und notiere dein „Warum", deine Träume, die Form von Arbeit, Freizeit und Elternschaft, die du wirklich willst. Wie würde das für dich persönlich aussehen, wenn dir niemals jemand erzählt hätte, was möglich ist und was nicht? Und dann frage dich, ob sich dein „Warum" lohnt, um loszugehen und dir das Leben zu holen, von dem du träumst.

Es wäre mir und meinem Team eine Ehre, dich auf diesem Weg zu deiner neuen Arbeitswelt und einer wunderbaren Elternschaft begleiten zu dürfen. Willkommen in der „Schönen neuen Arbeitswelt" (Psst, Geheimtipp: Halte doch ab Frühjahr 2024 Ausschau nach diesem Podcast-Titel.)

Nachwort und Danksagung

„Mami macht's einfach!" – Ich liebe die Zweideutigkeit dieses Titels, quasi als Antwort auf die ständige Frage: „Wie machst du das nur?" Ja, ich mache es mir einfach im Sinne von leicht, erinnere mich ständig daran, was wirklich zählt, bin unglaublich dankbar für mein Leben, meine Kinder, unsere Gesundheit und alles, was dazu gehört. In dieser Dankbarkeit werden vermeintlich schwere Dinge wie Haushaltsstress ganz klein und unbedeutend. Wer mich persönlich kennt, wird den Titel eher als „Sarah macht's einfach" deuten, im Sinn von „Ist mir doch egal, genug gegrübelt und wenn ich mir was in den Kopf setze, kann ich der sturste Esel auf diesem Planeten sein!" So habe ich dieses Buch in dreieinhalb Monaten, neben der Anstellung und Einarbeitung meiner ersten Mitarbeiterinnen, dem Alltag mit drei Kindern und allem anderen geschrieben. So treffe ich Entscheidungen und mache einfach, vertraue meiner Intuition und meinem Gefühl blind, ignoriere die leise Stimme, noch nicht genug zu sein.

Ich beginne an dieser Stelle mit meinem Dank an Silke Wildner, die dieses tolle Buchprojekt in die Wege geleitet und mir darüber hinaus wunderbare, wichtige Ansätze als Mentorin mitgegeben hat. Ich bin stolz, nun ein Teil der wunderbaren Community zu sein, die der Welt zeigt, dass alleinerziehende Frauen so viel mehr sind als ständig gestresste, unzufriedene Mütter auf dem Abstellgleis. Ebenso danke ich meiner wunderbaren Lektorin Sarah Zöllner. Tatsächlich hat mich ihr direktes, unverfälschtes Anklagen von gesellschaftlichen Missständen inspiriert, über die Geburt meines jüngsten Sohnes und die schwierigen Momente danach so offen zu schreiben, wie ich es jetzt tue. Danke auch an Marco Woyczikowski für das wunderbare Shooting mit Matschbanane an den Socken und frischer Babykotze.

Natürlich bedanke ich mich auch bei meiner privaten Erstlektorin, Freundin und Patentante meines Jüngsten. Ich nenne sie gerne

Muse: Ina Potente. Der Name ist Programm, denn gefühlt formen sich meine Kreativitätsklumpen in ihrer Anwesenheit zu handfesten Ideen und neben ihrem Ohr und der unermüdlichen Begeisterung für mein Wirken, ist sie auch sehr oft einfach da, anpackend, sehend, fühlend, oder schickt ihren praktisch veranlagten Göttergatten vorbei, um Schränke abzubauen. Tim, unser Held. Das Besondere an dieser Freundschaft ist, dass wir uns gegenseitig komplett ohne Wertung annehmen können. Es gibt kaum einen Bereich, in dem wir gleicher Meinung sind, außer in unserem gemeinsamen Humor, doch sich weder verurteilen noch belehren zu wollen, ist etwas, das ganz besonders ist. Danke!

In der Hierarchie ganz, ganz, ganz oben, direkt hinter meinen Kindern, steht meine Seelengefährtin Jana Urso. Wir kennen uns seit weit über 15 Jahre und du bist für mich der Mensch, mit dem an meiner Seite ich einfach alles schaffe. Ich danke dir vom Herzen für dein Dasein, für jedes gemeinsame Weinen, Fluchen und Lachen, jedes sinnlose stundenlange Telefonat, bei dem es eigentlich nur darum geht, die Nähe der anderen zu spüren. Komme ich ins Straucheln, gibst du mir einen liebevollen Stups und erinnerst mich daran, dass ich alles schaffen kann. Du kennst meine Kinder fast so gut wie ich und bist eine herzliche und bedachte Ratgeberin bei allen Themen und Entscheidungen, die für die drei anstehen. Immer, wenn ich denke, unsere Freundschaft kann nicht noch größer werden, sprengen wir alle Dimensionen. Ich danke dir von Herzen, dass du bei der Geburt und dem Ankommen meines Jüngsten auf dieser Welt dabei warst. Danke auch an Rene, dass du deine Frau mit mir teilst und JA, ich habe auch dich sehr lieb. :-) Und Schwubbi natürlich auch.

Ebenso geht mein Dank an all die tollen Freunde und Freundinnen, die mich in diesen besonderen Jahren unterstützt haben, durch Taten, Worte, Umarmungen und eine unvergleichliche Babyparty. Emönchen, Jule, Pari, Anne, Leif, Anna, Golbarg, Franzi, Eva-Maria, Rebecca, Lisa, Kathrin, Chantal, Jana, Petry, Rebecca, Maria, Daniel und Aurora, Meike, Lotta, Meike, Joana, Christin, Gerhard,

Walter, Nina (ich bin stolz auf dich), Anne, Leif. Besonderer Dank gilt auch Hanna Potthoff, die mir half, Verstrickungen zu lösen und den Kontakt zu meinem Ungeborenen zu stärken. Anke Scheibe, danke für deine annehmende Behandlung. Danke Bernd, für deine Shiatsu-Geschenke. Danke Luisa, für dein Sein und deine Unterstützung in der Schwangerschaft, du hast unsere Familie im wahrsten Sinne bunter gemacht.

Dank gilt auch dem „Vater" des Jobcoachings, Reinhard Hötten, den ich mit meinem Anruf und der Umsetzung seines Konzepts im Ruhestand überrumpelt habe. Ohne dieses Okay wäre für mich das Projekt gestorben und auch sein ungeschöntes Feedback wirkte noch lange nach. Ich danke meiner Frauenärztin, für die Unterstützung weit über das Fachliche hinaus. Besondere Dank gilt auch Bianca-Maria von ProFemina. Mit deinen Angeboten und deiner Hilfe ließ es sich deutlich besser schlafen. Danke Shanti, Pascal, Jens und weiteren Helfern.

Natürlich danke ich von ganzem Herzen auch meinen Coaches der letzten Jahre. Meiner Meinung nach hat jeder Unrecht, der sagt, ein Coaching habe sich nicht gelohnt. Öffne die Augen und packe die Geschenke aus! Die Fortune Familie war mein Start in die Onlinewelt und ins „Ich mache einfach". Ein Hochpreis-Coaching zu buchen war zu diesem Zeitpunkt der surrealste und ermächtigendste Moment meines Lebens. Es zeigte mir, zu was ich in der Lage bin und war der Startschuss für so vieles. Danke Chris, Katharina, Yvonne A., Kim und Christel. Katja Rückemann, die Queen knackiger gnadenloser Impulse, wirkte immer wie ein Mini Düsenantrieb, meist mit vorheriger Kursänderung. Der Firma Ladylight verdanke ich unglaublich viel. Neben dem Aufbau eines faktisch skalierbaren Kundenstroms, schätze und bewundere ich bis heute ihre Menschlichkeit. Besonders während der Schwangerschaft war euer Halt wahnsinnig aufbauend. Danke Sophie, fürs Vorangehen, du riesengroßes Vorbild, danke Stephan, für den Frieden, den du mir in Bezug auf Technik und Männer wiedergegeben hast, danke Melanie, für all die Dinge, die sich nicht in Worte fassen lassen, danke Maria, durch deinen Körperprozess durfte ich mein Baby und all die Geschenke empfangen. Danke Constanze, du bist so groß und machtvoll. Last but not least, Yvonne, die mit ihrem nächtlichen Laptopverbot mir vieles erspart hat. Danke Uta Schuh, deine Arbeit fühlt sich an wie ein Nachhausekommen. Selbstverständlich danke ich auch all meinen wundervollen Kundinnen, die mir ihr Vertrauen schenken und mir unglaubliche Freude bereiten.

Nun aber zur Familie: Ursula, deine Kontaktaufnahme, deine Unterstützung und dein Interesse an deinem Enkel waren eine ebenso große Überraschung wie Freude. Schön, dich in unserem Leben zu haben, als Oma und Vorbild. Anja, Christoph und Benjamin, ihr seid das Bindeglied zur anderen Seite der Familie. Danke für eure Neutralität und das Pflegen unserer Freundschaft und eure Bindung zu den Pampersrockern.

Mama und Harry, danke für die Finanzspritze beim Start ins neue Leben, das Küche Aufräumen und Babysitten im Urlaub und während schwieriger Gespräche. Mama, wenn du gebraucht wirst, ist dir kein Weg zu weit, aber manche Länder zu heiß. :-)

Mein kleines Geschenk hat das Glück, gleich mit drei Omas gesegnet zu sein. Sonja Hepp, eine der wenigen Menschen, die als Erwachsene das Spielen nicht verlernt hat. Als Oma bist du ein Traum und ich bin wahnsinnig dankbar, dass du keine Unterschiede zwischen deinen Enkeln machst. Das gleiche gilt für euch, Andy und Sara. Neben der Oma des Jahres, bist du, Sonja, für mich Vertraute, Ansprechpartnerin und Mutmacherin. Das ist als Ex- Schwiegermama bestimmt nicht selbstverständlich. Schön, dass es dich gibt! Ich danke außerdem diesem einen Cafébesitzer, der mich ans Leben und Lächeln erinnert hat. Pia, danke fürs liebevolle Hüten meines Schatzes. Romy und Steffi, mein grandioses Team, was würde ich ohne euch wunderbaren Weltveränderinnen tun?!

Last but not least, kommen wir zu den Hauptakteuren im Stück meines Lebens: Zu meinen drei Kindern. Ihr seid mit Abstand das

Beste, was mir in meinem Leben passiert ist. Wir definieren Familie so anders, als das, was wir auf den Spielplätzen hören. Ich warte nicht, bis ihr endlich schläft, was meist eh erst um 21.30 Uhr ist, um dann mein Leben zu beginnen. Wir sind gemeinsam das Leben, in dem jeder so viel Ruhe oder Nähe bekommt, wie er oder sie will. Danke, dass ihr so ehrlich zu mir seid, euch verletzlich zeigt, euren Bruder so unglaublich warmherzig und liebevoll in eure Mitte gelassen habt. Ihr seid die besten Kinder der Welt, frech, wild und wunderbar. Man könnte sagen „Glück gehabt", doch ich sage: „Glück ist eine Entscheidung". Wir wählen so oft Lachen und Leichtigkeit, Annahme und Authentizität statt Mauern und Dogmen – das kann nur gut werden. Ihr zeigt mir, was bedingungslose Liebe ist. Und natürlich danke ich auch den Vätern meiner Kinder der Liebe, danke für euren Beitrag zu diesen geliebten Minimenschen.

Danke, Leben!

LITERATURVERZEICHNIS

1   Buch: Glennon Doyles: Ungezähmt (2020), Rowohlt Taschenbuch

2   Buch: Jean Liedloff: Auf der Suche nach dem verlorenen Glück. Gegen die Zerstörung unserer Glücksfähigkeit in der frühen Kindheit. (2006), Beck

3   Podcast: Der Queensclub-Badewannentalk von Katja Rückemann

Bildnachweise

Cover:
Aquarell: Kseniya Lapteva, Unsplash
Farbkleckse: Anastasiya Shumilina, iStock by Getty Images
Illustration: Silke Wildner

Phase 1:
Aquarell: Pawel Czerwinski, Unsplash
Farbkleckse: Anastasiya Shumilina, iStock by Getty Images
Illustration: Silke Wildner

Phase 2:
Aquarell: Annie Spratt, Unsplash
Illustration: Silke Wildner

Phase 3:
Aquarel: Kseniya Lapteva, Unsplash
Farbkleckse: Anastasiya Shumilina, iStock by Getty Images
Illustration: Silke Wildner

DAS BUCH-TEAM

Sarah Zöllner

Sarah Zöllner ist freie Journalistin und Autorin. Ihre Themenschwerpunkte: Vereinbarkeit von Familie und Beruf, die Aufwertung von Care-Arbeit und die Stärkung von Alleinerziehenden. 2020 ist ihr erstes Buch „Alleinerziehend – und nun?" erschienen, 2023 ihr zweites Buch „Mütter. Macht. Politik. – Ein Aufruf!". Sie ist Co-Initiatorin der Aktions- und Vernetzungsplattform www.muetter-macht-politik.de.

→ **Website: sarahzoellner.com**
→ **Initiative: www.muetter-macht-politik.de**

Silke Wildner

Autorin, Bloggerin und Podcasterin Silke Wildner gründete 2018 „Gut alleinerziehend" mit ihrem gleichnamigen Blog und den beiden Facebook-Gruppen zum Austausch. Darüber hinaus macht sie seit 2020 zusammen mit Sina Wollgramm den Podcast „Das AE-Team - der positive Podcast für Alleinerziehende und solche, die es werden (wollen)" und hilft als Mentorin Frauen unabhängig zu sein – mental, beruflich und finanziell.

→ **Website: silkewildner.de**
→ **Blog: gut-alleinerziehend.de**

ALLEIN MIT KIND
Unsere Erfahrungen, unsere Learnings,
unser Leben!

Diese Buchreihe gibt Einblicke in das echte Leben allein mit Kind/ern.
Diese Bände sind bisher erschienen:

Band 1
Flexibler Umgang nach Trennung von Silke Wildner
gut-alleinerziehend.de

Band 2
Wenn der Tod dazwischenkommt von Inga Krauss
verwitwet-alleinerziehend.de / gerechte-hinterbliebenenrente.de

Band 3
Jobglück für Solo-Mamas – Vom Mut deine eigene Heldin zu sein
von Yvonne Thoben

Band 4
Mutti macht's einfach von Sarah Eyles
saraheyles.de

Weitere Bände sind in Planung!

So kannst du bei dieser Buchreihe mitmachen:
Wenn du über deine persönlichen Erfahrungen schreiben und
einen Einblick in dein Leben alleine mit einem oder mehreren Kindern geben möchtest und wie es dazu gekommen ist, dann stelle
deine Learnings und Erfahrungen für andere Leser*innen bereit.
Wir laden dich herzlich dazu ein, diese Buchreihe zu erweitern!
Wie das geht, was es kostet und wie der genaue Ablauf ist, das erfährst du von Silke Wildner.

Schreib ihr einfach eine Mail für weitere Infos an:
✉ buch.gut-alleinerziehend@gmx.de